O DODECAFONISMO TARDIO DE ADORNO

FUNDAÇÃO EDITORA DA UNESP

Presidente do Conselho Curador
Herman Jacobus Cornelis Voorwald

Diretor-Presidente
José Castilho Marques Neto

Editor Executivo
Jézio Hernani Bomfim Gutierre

Conselho Editorial Acadêmico
Alberto Tsuyoshi Ikeda
Célia Aparecida Ferreira Tolentino
Eda Maria Góes
Elisabeth Criscuolo Urbinati
Ildeberto Muniz de Almeida
Luiz Gonzaga Marchezan
Nilson Ghirardello
Paulo César Corrêa Borges
Sérgio Vicente Motta
Vicente Pleitez

Editores Assistentes
Anderson Nobara
Henrique Zanardi
Jorge Pereira Filho

IGOR BAGGIO

O DODECAFONISMO TARDIO DE ADORNO

© 2011 Editora UNESP

Direitos de publicação reservados à:
Fundação Editora da UNESP (FEU)
Praça da Sé, 108
01001-900 – São Paulo – SP
Tel.: (0xx11) 3242-7171
Fax: (0xx11) 3242-7172
www.editoraunesp.com.br
feu@editora.unesp.br

CIP – Brasil. Catalogação na fonte
Sindicato Nacional dos Editores de Livros, RJ

B133d

Baggio, Igor

O dodecafonismo tardio de Adorno / Igor Baggio. - São Paulo : Ed. UNESP, 2011.

Inclui bibliografia

ISBN 978-85-393-0091-4

1. Adorno, Theodor W., 1903-1969. 2. Música – História e crítica. 3. Música – Filosofia e estética. 4. Dodecafonismo. 5. Forma musical. I. Título.

11-0698.   CDD: 780.9
                                                            CDU: 78(09)

Este livro é publicado pelo projeto Edição de Textos de Docentes e Pós-Graduados da UNESP – Pró-Reitoria de Pós-Graduação da UNESP (PROPG) / Fundação Editora da UNESP (FEU)

Editora afiliada:

Asociación de Editoriales Universitarias de América Latina y el Caribe

Associação Brasileira de Editoras Universitárias

Para Cristine, com amor

AGRADECIMENTOS

A minha família, minha mãe, meu pai e minha irmã pela confiança e pelo apoio incondicional.

A Cristine Bello Guse, pela dedicação, pelo constante incentivo e pela paciência.

Aos amigos e colegas de mestrado Juliano Gentile e Júlio César Lancia com quem pude dividir minhas angústias de mestrando nos últimos dois anos e meio.

A professora Lia Tomás, por ter aceitado orientar este livro e acreditado nele.

A professora Yara Caznóc, pelo esclarecimento de algumas dúvidas a respeito das análises musicais aqui contidas.

Ao professor Rodrigo Duarte e a Myriam Ávila, por gentilmente terem me enviado uma tradução dos poemas musicados por Adorno em seu *op.1*.

Ao professor Vladimir Safatle, cujas aulas e cujo curso sobre Adorno ao longo de 2006 consistiram em um estímulo para este livro.

Ao professor Florivaldo Menezes pelas diversas observações oportunas dispensadas nos exames de qualificação e de defesa.

A Regina Ronca e a Alba Tonelli pela ajuda com algumas traduções do alemão.

A Alexandre Roehl e Cristina Brognara por terem cuidado dos exemplos musicais com tanto zelo.

Por fim, à Capes pela bolsa de estudos sem a qual este livro não poderia ter sido realizado.

Desde o feliz e malogrado encontro de Ulisses com as sereias, todas as canções ficaram afetadas, e a música ocidental inteira labora no contrassenso que representa o canto na civilização, mas que, ao mesmo tempo, constitui de novo a força motora de toda arte musical.
Adorno e Horkheimer, Dialética do esclarecimento.

SUMÁRIO

Introdução   13

1   Uma voz dissonante em meio
    à Segunda Escola de Viena   21
2   A condição tardia da música moderna   49
3   Adorno compositor   75

Considerações finais   127
Referências bibliográficas   131

INTRODUÇÃO

No capítulo Dodecafonismo de seu livro *Crítica dialética em Theodor Adorno,* Jorge de Almeida afirma, com base principalmente no estudo do musicólogo alemão Martin Hufner (1996), que é possível detectar a existência de um regime de determinação mútua entre a prática composicional de Adorno e as posições teóricas referentes ao dodecafonismo serial contidas na *Filosofia da nova música.* Segundo Almeida (2007, p.263-4),

> [...] poderíamos dizer que Adorno tentou exercer, na prática, o que defendeu na *Filosofia da nova música:* "A técnica dodecafônica deve ser absorvida pela composição livre, suas regras pela espontaneidade do ouvido crítico". As considerações teóricas de Adorno sobre o dodecafonismo foram, portanto, diretamente afetadas pelas dificuldades práticas enfrentadas em suas próprias composições.

De fato, ao analisarmos as composições de Adorno é possível perceber nelas um uso bastante peculiar da técnica dodecafônica, um uso que em muitos momentos parece refletir a crítica teórica de Adorno ao dodecafonismo serial mais ortodoxo presente, principalmente, no ensaio *Schoenberg e o progresso* em *Filosofia da nova música.*

Na realidade, já na década de 1960, René Leibowitz não apenas aludiria à qualidade das composições de Adorno como também cha-

14   IGOR BAGGIO

maria a atenção para a importância delas em relação às reflexões desse autor sobre a música: "O fato de que suas composições tenham permanecido quase completamente desconhecidas nada diz com relação ao significado delas; se nós não tivéssemos tido essa música desconhecida, então tampouco teríamos possuído seus bem conhecidos escritos sobre música" (apud Paddison, 2001, p.6).

Ainda que possamos detectar certo exagero nas colocações de Leibowitz no que diz respeito à dívida dos escritos musicais de Adorno para com suas composições, elas não devem ser descartadas, já que o próprio Adorno confessara em 1948 a Thomas Mann o seguinte: "Na universidade estudei filosofia e música. Ao invés de decidir-me por uma de ambas, durante toda minha vida tive a sensação de estar perseguindo na realidade o mesmo nesses campos divergentes" (Adorno & Mann, 2006, p.37).

O presente livro visa abordar esse caminho de mão dupla entre teoria e prática da composição dodecafônica serial em Adorno. Tal abordagem, que na verdade consiste em um modo pouco comum de encarar a crítica de Adorno à técnica dodecafônica, geralmente tomada unicamente do ponto de vista filosófico, justifica-se na medida em que parece apontar para um entendimento mais abrangente dela e da ainda praticamente inexplorada produção composicional do filósofo.

A ideia de que a composição musical seria o verdadeiro objeto de uma filosofia da nova música não é estranha a Adorno. Lembremos que no prefácio da *Filosofia da nova música*, Adorno é claro ao afirmar que a "situação da composição musical" é a única que realmente poderia decidir sobre "a situação da própria música" (2007, p.9). Portanto, acreditamos não estar violando o pensamento do autor ao problematizarmos aqui sua crítica à composição que considerava técnica e esteticamente a mais avançada ao redigir seus escritos musicais da primeira metade do século passado, levando em conta algumas de suas próprias composições dodecafônicas.

***

Ao discorrer sobre o conceito de poética musical em seu ensaio *A poética musical de Schoenberg*, Carl Dahlhaus fornece as coordenadas

O DODECAFONISMO TARDIO DE ADORNO 15

metodológicas para um livro como este, empenhado em focar objetos de natureza distinta, isto é, composições musicais e reflexões teóricas sobre a música:

...o conceito de poética musical, um conceito que preserva a memória de suas origens gregas, significa a ideia, permeada por reflexão, concernindo o fazer e a produção de composições musicais. A estrutura de pensamento a ser descoberta está contida por um lado em procedimentos composicionais e por outro em teorias de explanação ou justificação. Mas isso não quer dizer que as declarações teóricas de um compositor devam ser aceitas literalmente como a palavra final sobre o significado de suas obras musicais. Ou melhor, elas [as declarações teóricas] são os objetos de indagação e não sua pré-condição. Elas pertencem ao material de onde – em interação recíproca com a interpretação das obras em si – a poética musical terá que ser reconstruída. (1990, p.74)

Tendo em vista essas palavras, é possível afirmar que reconstruir uma possível poética musical adorniana é o principal objetivo deste livro. Na verdade, tais colocações de Dahlhaus ecoam o entendimento do próprio Adorno sobre a relação dialética entre teoria e prática. Talvez a melhor formulação de Adorno sobre essa relação seja a retirada de seu ensaio *Notas marginais sobre teoria e práxis*:

Se teoria e práxis não são nem imediatamente o mesmo, nem absolutamente distintas, então sua relação é de descontinuidade. Não há uma senda contínua que conduza da práxis à teoria [...]. Apesar disto, nem a práxis transcorre independentemente da teoria, nem esta é independente daquela. (1995, p.227)

Essas são colocações que tinham por objeto teoria e práxis como conceitos próprios da filosofia política. Contudo, poderíamos, estendendo o seu alcance, tomá-las como capazes de caracterizar a posição de Adorno diante da relação entre teoria e práxis no âmbito da composição musical. No mesmo sentido, é possível detectar em Adorno um regime de dependência mútua entre prática da composição dodecafônica serial e reflexão teórica a respeito dessa

16 IGOR BAGGIO

técnica. Porém, não é possível traçar uma linha reta que estabeleça, inequivocamente, a relação entre esses dois domínios distintos de sua obra.[1]

As composições de Adorno estão compiladas sob a coordenação de Heinz-Klaus Metzger e Reiner Riehn em dois volumes publicados em 1980 pela editora *text+kritik* de Munique. No primeiro volume estão contidas duas peças para quarteto de cordas, seis pequenas peças para orquestra, duas peças para coro feminino *a cappella*, duas canções com acompanhamento orquestral, que fariam parte de uma ópera sobre uma adaptação do próprio Adorno do *Tom Sawyer* de Mark Twain e a orquestração de algumas peças do *Álbum para a juventude* de Schumann que foi intitulada *Kinderjahr* por Adorno. Todo o segundo volume é dedicado a séries e ciclos de *Lieder*. Fora essas, existem pelo menos duas dezenas de

---

1 Notemos que ao filtrar as tradicionais implicações normativas carregadas pelo conceito de poética no contexto da estética clássica, Dahlhaus também se aproxima da concepção de Adorno acerca da tarefa de uma estética dialética. Para Adorno, "a miséria da estética aparece imanentemente no fato de ela não poder ser constituída nem desde cima, nem a partir de baixo; nem desde os conceitos, nem a partir da experiência aconceitual. Perante essa triste alternativa, apenas a auxilia a reflexão da filosofia de que o factum e o conceito não se contrapõem polarmente, mas se mediatizam de um modo recíproco. [...] Se, porém, ela não quer ser nem prescrição de beócio nem classificação inútil do que ela descobre, não pode conceber-se senão como dialética; em conjunto, não seria uma definição inadequada do método dialético dizer que ele não se contenta com a separação do dedutivo e do indutivo, separação que domina o pensamento petrificado e esclerosado e à qual se opõem explicitamente as primeiras formulações do idealismo alemão, sobretudo, a dialética de Fichte" (s. d., p.378). Encarada dessa forma, a Estética se afasta tanto da tradição das filosofias da arte oriundas do idealismo alemão, dependentes de uma sistemática de caráter dedutivo, quanto das abordagens cientificistas da arte calcadas em procedimentos indutivos. Ela se aproxima assim de uma "teoria das obras de arte", como bem o demonstrou Anne Boissière (1999, p.17-40), noção esta que não é de toda alheia àquela de poética. Já nas atuais pesquisas de semiologia musical encabeçadas por Jean-Jacques Nattiez, o refinamento progressivo dado ao conceito de poiética aplicado à análise musical e à musicologia não escapa de uma distinção entre poiéticas indutivas e poiéticas dedutivas. Isso ocorre em *Musicologie générale et sémiologie* (Musicologia geral e semiologia), livro no qual Nattiez se utiliza do conceito baseado em Jean Molino, que por sua vez herdou-o de E. Gilson (Cf. Nattiez, 1990, p.139-43).

O DODECAFONISMO TARDIO DE ADORNO 17

peças ainda não publicadas, dentre as quais diversas para piano solo e diversos *Lieder*.[2]

Como não é possível abordar adequadamente aqui toda essa gama de música, tornou-se necessário selecionar algumas peças específicas a serem analisadas pela citada perspectiva da crítica teórica efetuada por Adorno. A escolha recaiu sobre as peças *An Zimmern*, última das *Seis bagatelas para voz e piano op.6*, e sobre o primeiro e o terceiro dos *Quatro Lieder sobre poemas de Stefan George op.7*. Trata-se de três dos últimos *Lieder* compostos por Adorno durante seus anos de exílio na Inglaterra e nos Estados Unidos. O uso peculiar da técnica dodecafônica presente nessas peças tornou-as ideais para serem tratadas conjuntamente com alguns pontos centrais da crítica adorniana. No entanto, com isso não estamos querendo dizer que em outras de suas composições não encontremos procedimentos composicionais que pudessem também vir a ser abordados à luz de suas reflexões sobre o dodecafonismo serial.

Até o presente momento, toda a gama de música arrolada acima e composta de 1923 a 1945, anos marcados pelo surgimento de grande parte dos escritos musicais de Adorno, passou praticamente despercebida mesmo para aqueles estudiosos interessados em sua filosofia da música. Dentre os poucos estudos existentes sobre as composições de Adorno, os textos *Der Komponist Theodor W. Adorno* (o compositor Theodor W. Adorno) de René Leibowitz e *Adornos Musik als schöne Kunst gehört* (a música de Adorno ouvida como bela arte) de Dieter Schenebel foram publicados respectivamente em 1963 e em 1979, ou seja, ambos anteriormente à publicação das composições de Adorno. Posteriormente à publicação destas, o estudo mais detido em termos de análise musical sobre as composições de Adorno é o já mencionado estudo de 1996 *Adorno und die Zwölftontechnik* (*Adorno e a técnica dodecafônica*) de Martin Hufner. Afora este, ainda é possível encontrar alguns modelos de como uma reflexão como a que aqui pretendemos realizar pode ser levada a cabo na coletânea de ensaios *Theodor W.*

---

2 Para uma lista completa das composições de Adorno, incluindo as obras não editadas nos dois volumes compilados por Metzger & Riehn ver Riehn, 1989, p.144-6.

Adorno: der Komponist (*Theodor W. Adorno: compositor*), publicada em 1989, e nos dois textos de Tiedemann *Adorno, Philosoph und Komponist* (Adorno, filósofo e compositor), publicado em 2001, e *Adorno's Tom Sawyer Opera Singspiel* (a ópera Singspiel Tom Sawyer de Adorno), este incluído no volume *Cambridge Companion to Adorno*. No contexto brasileiro, é o ensaio *Sobre os Lieder adornianos ou Adorno compositor* de autoria de Lia Tomás apresentado em 2003 no simpósio *Theoria Aesthetica: em comemoração ao centenário de Theodor W. Adorno* que marca o início de um interesse maior pela música composta pelo filósofo.

O desenvolvimento da pesquisa apresentada acima será levado a cabo em três capítulos. No primeiro retomaremos a crítica à técnica dodecafônica feita por Adorno no ensaio *Schoenberg e o progresso*, visando reconstituir seus principais aspectos. Esse primeiro capítulo está dividido em três itens. No primeiro deles pretendemos mostrar que essa crítica de Adorno recai justamente sobre a principal justificativa dada aos princípios seriais pela maioria de seus adeptos na primeira metade do século XX, a saber, que a técnica dodecafônica constituiria o meio de voltar a compor grandes formas autônomas. Com isso gostaríamos de mostrar que a crítica de Adorno ao princípio de racionalidade por trás da técnica dodecafônica desemboca em uma crítica à noção mesma de grande forma e, em última análise, em uma crítica à noção de sujeito musical. No segundo item, a crítica de Adorno ao dodecafonismo é abordada do ponto de vista daquilo que Adorno chamou de "a virada da dinâmica musical em estática". Buscaremos mostrar aí que, para Adorno, tal virada, mais do que implicar um simples problema musical, significava a perda de uma consciência histórica que permeava o tempo musical desde Beethoven. No último item, revisaremos os aspectos técnico-musicais da crítica de Adorno ao dodecafonismo serial mais ortodoxo.

O segundo capítulo deste livro volta-se para o "ponto de chegada" da crítica de Adorno à técnica dodecafônica, ou seja, para aquilo que Adorno denominara "dessensibilização do material" ao final do ensaio *Schoenberg e o progresso*. Esse capítulo também estará dividido em três itens. No primeiro, situaremos o que Adorno entendia por dessensibilização do material no interior do debate histórico-filosófico sobre a arte moderna remontando tal noção à reflexão de Hegel no célebre

O fim da forma de arte romântica dos *Cursos de estética*, e enfatizando o afastamento efetuado por Adorno da perspectiva aí contida. No segundo item, tentaremos mostrar como a noção de dessensibilização do material se liga diretamente a outras duas noções basilares da reflexão de Adorno sobre a arte, a saber, as noções de obra tardia e de história natural. Aqui, ao tratarmos desta última, retomaremos rapidamente a dívida de Adorno para com as reflexões de Lukács em *A teoria do romance* e para com a teoria da alegoria e a filosofia da história de Walter Benjamin. Com esses dois itens gostaríamos de traçar as fontes filosóficas da concepção adorniana da noção de obra tardia, junto à qual encontraremos a possibilidade para a emergência de uma forma estética passível de se estabelecer como uma forma crítica em meio ao contexto de fragmentação do material trazido pelo panorama de dessensibilização do material. O último dos três itens aborda a noção de obra tardia, refletindo-se no âmbito da música para Adorno, principalmente em relação à música do último Beethoven e do último Schoenberg e em que medida é possível entendermos em termos técnico-musicais o caráter de cognição que Adorno atribui a essas obras.

O último capítulo é dedicado a uma análise interpretativa das três composições de Adorno mencionadas acima. Tal análise, mais do que se prender unicamente a questões formais, tratará de absorver e levar adiante o que fora desenvolvido nos dois primeiros capítulos. Assim como os anteriores, o último capítulo também se encontra dividido em três itens. No primeiro, visamos apreciar o estatuto da pequena forma do *Lied* no âmbito da produção composicional de Adorno aproximando-a da forma do ensaio e do fragmento privilegiadas pelo filósofo Adorno. O segundo item enfoca a peça *An Zimmern* composta por Adorno em 1934 sobre poema do último Hölderlin e tenta demonstrar a afinidade do peculiar uso da técnica dodecafônica na base dessa peça com a noção de parataxes, esta analisada por Adorno em seu ensaio sobre a poesia tardia de Hölderlin. O último item trata da primeira e da terceira peça do ciclo de *Lieder op. 7* de Adorno sobre poemas de Stefan George. Também aqui nos utilizaremos da interpretação filosófica dispensada por Adorno em seu ensaio sobre George de *Notas de literatura* para interpretar a idiossincrática prática serial por trás das peças.

1
UMA VOZ DISSONANTE EM MEIO À SEGUNDA ESCOLA DE VIENA

O desejo de reconstruir a grande forma quase mais além da crítica expressionista da totalidade estética é tão problemático quanto a "integração" de uma sociedade em que o fundamento econômico da alienação permanecera imutável, enquanto com a repressão se privara aos antagonistas o direito de aparecer. Algo disto existe na técnica dodecafônica integral.

Adorno, *Filosofia da nova música*

Crítica ao "dodecafonismo positivo" e o conceito de continuação

Para que possa ser compreendida adequadamente, a crítica de Adorno à técnica dodecafônica – presente de modo mais bem articulado no ensaio *Schoenberg e o progresso*, escrito em 1941 e transformado no primeiro capítulo da *Filosofia da nova música* em 1949 – precisa ser encarada a partir do projeto mais amplo de crítica às noções de sistema e de totalidade que permeia e mesmo caracteriza os esforços filosóficos de Adorno. A base histórico-filosófica mais completa da crítica adorniana às noções de sistema e de totalidade pode ser encontrada na filosofia da história da racionalidade instrumental delineada por Adorno e Horkheimer na *Dialética do esclarecimento*. Aí, notavelmente ao longo do primeiro capítulo, *Conceito de esclarecimento*, influenciados pela psicanálise freudiana, Adorno e Horkheimer concebem o princípio de identidade, isto é, os processos de racionalização amparados na lógica linguística, a qual pressupõe uma relação de identidade entre sujeito e objeto, como uma projeção do mecanismo de autoidentidade formador do eu sobre o mundo. Como impulso à abstração intelectual, tal mecanismo de projeção será tomado pelos autores como o verdadeiro motor da história da "razão" ocidental. Esta, por sua vez, será entendida como a história da crescente dominação da natureza interna do homem por si mesmo, dominação que visaria, em última análise, sempre melhores possibilidades de autoconservação e de disposição instrumental frente à natureza externa.

No limiar da modernidade, o modo típico de manifestação do princípio de identidade (identificação), segundo Adorno, será o sistema idealista. Tanto em Kant quanto em Hegel e também no Beethoven dos primeiros períodos, como veremos logo a seguir, esse será o conceito sobre o qual incidirá grande parte das investidas críticas de Adorno ao longo de toda sua vida – investidas que culminarão na *Dialética negativa*, obra filosófica da maturidade de Adorno na qual podemos encontrar a seguinte formulação que, de certa forma, resume o sentido da crítica adorniana ao sistema:

> Sempre foi a razão o princípio do eu que funda o sistema, o método puro prévio a todo conteúdo. Nada exterior a limita, sequer a chamada ordem espiritual. Ao assegurar em todos os seus níveis uma infinitude positiva a seu princípio, o idealismo faz do pensamento e de sua autonomização histórica uma metafísica. Isso determina o sistema como puro vir a ser, puro processo, enfim como essa geração absoluta que cujo pensamento Fichte, nesse sentido o verdadeiro sistematizador da filosofia, explica. (2005a, p.35)

Para Adorno, com o advento do capitalismo e principalmente do capitalismo tardio, a lógica do sistema assentada sobre o princípio de

O DODECAFONISMO TARDIO DE ADORNO **23**

identidade/identificação estende-se à esfera socioeconômica como absolutização do valor abstrato de troca frente ao valor concreto de uso. Por tornar possível a naturalização de um processo constante de anulação do qualitativamente diverso no sempre idêntico do valor abstrato de troca e, portanto, ao permitir aos indivíduos entronarem os meios de sua reprodução social enquanto fins, a figura lógico-psicológica da identidade será descrita por Adorno, também na *Dialética negativa*, como a "proto-forma da ideologia" (idem, p.144). Ou seja, a lógica e a psicologia do sistema serão também o que darão forma à sociedade burguesa para o autor. Em suas palavras: "Também esta deve, para conservar-se, para manter-se igual a si, para "ser", expandir-se constantemente, ir mais além, afastar cada vez mais longe os limites, não respeitar nenhum, não permanecer igual a si" (idem, p.35).

Em relação à arte, as noções de sistema e de totalidade garantirão o substrato lógico-psicológico à noção de aparência estética e do conceito clássico de obra de arte, este aproximado por Adorno à mônada sem janelas leibniziana, dado seu caráter orgânico e fechado capaz de "representar" em seu interior a estrutura da lógica social de subsunção do particular à totalidade em seu funcionamento enquanto "segunda natureza". Também é a essa constelação conceitual que pertence o que o autor apreciará como o caráter de linguagem da arte. Segundo Adorno, é à medida que encarna o princípio de identidade/identificação no domínio estético que o caráter linguístico das obras de arte assumirá um estatuto simbólico que constitui a base do conceito clássico de obra. Tal estatuto, portanto, remete à dialética do esclarecimento e, como podemos depreender do trecho citado a seguir, a uma experiência temporal assentada na repetição própria dos mitos:

> Os mitos, assim como os ritos mágicos, têm em vista a natureza que se repete. Ela é o âmago do simbólico: um ser ou um processo representado como eterno porque deve voltar sempre a ocorrer na efetuação do símbolo. Inexauribilidade, renovação infinita, permanência do significado não são apenas atributos de todos os símbolos, mas seu verdadeiro conteúdo. (1985, p.30-1)

Já no que diz respeito à música da primeira metade do século XX, será tendo em vista o "projeto oficial" da Segunda Escola de Viena de servir-se da técnica dodecafônica como o meio a partir do qual seria facultada à Nova Música a retomada de grandes formas instrumentais autônomas como a forma-sonata, que Adorno, com propósitos críticos, disporá das noções de sistema e de totalidade. Posteriormente ao eclipse sofrido por tais formas, nas primeiras duas décadas do século, em decorrência da dissolução do sistema tonal, desde o texto *Novos princípios formais* de Erwin Stein, publicado em 1925, será justamente enquanto condição de possibilidade de reconstrução das grandes arquiteturas formais autônomas que a técnica dodecafônica será amplamente recebida e utilizada. Mesmo demonstrando certa cautela em relação às inevitáveis comparações entre a técnica dodecafônica e o sistema tonal, Stein e posteriormente Webern e Schoenberg serão bastante claros em relação a esse ponto em seus escritos teóricos. A certeza em relação às potencialidades construtivas dos princípios seriais será o mote das duas célebres conferências pronunciadas por Webern no início da década de 1930 em Viena. Sua afirmação em *O caminho para a música nova* – "Foi somente quando Schoenberg enunciou a lei que formas maiores tornaram-se possíveis" (1984, p.145) – resume bem o teor do argumento repetido então, praticamente em uníssono, pelos entusiastas da nova técnica. Ainda nesse sentido, nada mais categórico que a frase de abertura do texto *Composição com doze sons II*, escrito por Schoenberg em 1948: "O método de compor com doze sons suscita a readmissão dos efeitos anteriormente fornecidos pelas funções estruturais da harmonia" (1984, p.245).

Apesar de concebê-los como consequência histórica do longo processo de racionalização do material musical desde Beethoven e de, a partir daí, compartilhar com Schoenberg e seus pupilos a certeza em relação à necessidade dos princípios seriais, a postura de Adorno em relação às tentativas de fundação desses princípios enquanto meios de readmitir funções estruturais antes fornecidas pelo sistema tonal, visando à reabilitação dos grandes tipos formais do passado, será desde sempre crítica. Já em 1926, em uma carta a Berg, podemos encontrar formulado de maneira bastante incisiva o

O DODECAFONISMO TARDIO DE ADORNO **25**

cerne do que viria a constituir a posterior crítica de Adorno à técnica dodecafônica na *Filosofia da nova música*:

> Como um *regulativo* para manter afastados resíduos cadenciais tonais, a técnica dodecafônica é necessária em sua lúcida racionalidade e apareceu no momento certo. Mas ela não pode e não deve ditar um cânone composicional positivo. Isso é o que atualmente acredito: que só há um dodecafonismo "negativo", sendo o caso racional extremo e incerto da dissolução da tonalidade (mesmo quando elementos tonais aparecem junto ao dodecafonismo; porque então eles, como construção, *coincidem em suas tonalidades*, sendo simplesmente ditados pela série!). Dodecafonismo positivo como uma garantia da capacidade de continuação da música como objetividade *não* existe. (Adorno & Berg, 2005, p.71-2)

Que Adorno visa opor-se aqui à justificativa do dodecafonismo serial como condição de possibilidade à reconstrução das grandes formas do passado é algo que apenas ficará claro se atentarmos para o sentido dado pelo autor ao que denomina *continuação* na passagem acima. Para tanto, a seguinte passagem da *Filosofia da nova música* nos servirá de ponto de partida:

> Até hoje a teoria musical oficial não se esforçou por precisar o conceito de continuação como categoria formal; contudo, sem a contraposição de "tema" e continuação as grandes formas da música tradicional, e ainda as de Schoenberg, não podem ser compreendidas. À profundidade, à medida e à eficácia dos caracteres da continuação acrescenta-se uma qualidade que decide sobre o valor das obras e até dos tipos formais em sua totalidade. A grande música se revela no instante de seu decurso; no momento em que uma obra se converte verdadeiramente em composição, põe-se em movimento graças ao próprio peso e transcende o concreto (o isto e o aquilo) de que precede. (2007, p.83-4)

No âmbito da filosofia da história da música dispersa ao longo de seus escritos musicais, a contraposição dialética entre *tema* ou *ideia temática* (*Einfall*) e *continuação*, bem como a consistência dos "caracteres da continuação" como aquilo que "decide sobre o valor das

IGOR BAGGIO

obras e até dos tipos formais em sua totalidade" marcará para Adorno o surgimento do princípio da subjetividade autônoma no interior do processo de constituição das formas musicais. Como uma categoria formal capaz de descrever o momento de irrupção de um material não idêntico, porém derivado do material temático, como "reflexão subjetiva do tema", o conceito adorniano de continuação aparecerá então subentendido como "o princípio técnico do desenvolvimento":

O passo da organização musical à subjetividade autônoma realizou--se graças ao princípio técnico do desenvolvimento. No início do século XVIII, o desenvolvimento constituía uma pequena parte da sonata. A dinâmica e a exaltação subjetiva cimentavam-se nos temas expostos uma vez e aceitos como existentes. Mas com Beethoven o desenvolvimento, a reflexão subjetiva do tema, que decide a sorte daquele, converte-se no centro de toda a forma. Justifica a forma, mesmo quando esta segue preestabelecida como convenção, já que volta a criá-la espontaneamente. Auxilia-o um meio mais antigo que, por assim dizer, havia ficado para trás e somente numa fase mais tardia revelou suas possibilidades latentes; frequentemente na música ocorre de resíduos do passado chegarem ao estado atual da técnica. E aqui o desenvolvimento se lembra da variação. (idem, p.51)

Apesar de não ficar completamente claro, Adorno parece ter em vista, nesse momento, o conceito schoenberguiano de *variação em desenvolvimento* e não apenas as noções habituais de variação e desenvolvimento tomadas separadamente. Na realidade, mais do que se prender às nuances técnicas assumidas pelo termo variação em desenvolvimento nos escritos teóricos de Schoenberg, Adorno alude ao termo principalmente com o intuito de desenvolver uma interpretação da forma-sonata em Beethoven que tratará de pensá-la como um processo musical dialético.[1] Uma das notas tomadas por Adorno em relação a Beethoven – e que o autor teria gostado de transformar em um livro, intuito que permaneceu apenas em projeto durante a vida do

---

1 Para duas das reflexões mais influentes em relação a tais nuances cf. Frisch, 1984, p.1-18 e Dahlhaus, 1990, p.128-33.

O DODECAFONISMO TARDIO DE ADORNO   27

filósofo, sendo publicadas postumamente como *Beethoven: a filosofia da música* – parece corroborar essa hipótese:

"Variação em desenvolvimento". Mas o propósito não é, como frequentemente ocorre no caso nas análises de René [Leibowitz], mostrar o que está contido no que, mas o que *segue* o que, e por quê. Não são necessárias análises matemáticas, mas "históricas" – René usualmente pensa que "provou" uma peça musical ao demonstrar relações temáticas. Mas a tarefa começa apenas depois disso. (1998, p.5)

Adorno verá no conceito de variação em desenvolvimento a possibilidade de entender o processo de constituição temporal da forma--sonata beethoveniana principalmente como um modelo do processo dialético de constituição da história descrito pela filosofia de Hegel. Por sua vez, a utilização da dialética hegeliana como modelo para a compreensão da forma-sonata certamente não era uma novidade. Ao referir-se ao fundador da *Formenlehre* no século XIX, Adolf Bernhard Marx, Carl Dahlhaus comenta que

Marx, quem reconheceu o dualismo temático como o princípio norteador da forma-sonata, era um hegeliano (na Alemanha do Norte em 1830 era difícil não ser um); ele se orientou pelo modelo filosófico da dialética hegeliana visando dar um fundamento estético à teoria das formas musicais, particularmente à teoria da forma-sonata, o tipo formal que então prevalecia. (1983, p.7)[2]

_____

2 É digno de nota que Dahlhaus, do ponto de vista da historiografia musical, se mostra coerente com essa colocação ao criticar como abstrata (isto é, não justificada por meio de análises musicais mais específicas e explícitas) a filosofia da história presente no ensaio *Schoenberg e o progresso*. Segundo o autor, Adorno teria aí reinterpretado "normas estéticas como uma tendência histórica visando formar uma base para uma pré-história da técnica dodecafônica" (1999, p.31). Na verdade, essa é uma crítica que parte do próprio Adorno no ensaio de 1953 *Sobre o relacionamento contemporâneo entre filosofia e música*: "Filosofia da nova música, cujo método dialético não poderia se contentar com Schoenberg, tem sido, por essa mesma razão, explorada ocasionalmente por reacionários musicais abertos ou disfarçados. Isso só pôde ocorrer porque o livro não seguiu seu próprio princípio tão estritamente quanto ele teria que ser obrigado a seguir. Em vez

28 IGOR BAGGIO

Ao tomar a ideia temática como "elemento subjetivo irredutível" no interior da forma e o aspecto desta como "ser" e contrapô-la ao procedimento da variação em desenvolvimento como o devir e a objetividade, Adorno conceberá a forma-sonata em Beethoven como uma espécie de fenomenologia do espírito musical:

> A ideia temática não é uma categoria psicológica nem um feito de "inspiração", mas um momento do processo dialético que se dá na forma musical. Ela representa o elemento subjetivo irredutível deste processo e, nesse caráter de irredutível e indissolúvel, o aspecto da música como ser, enquanto a elaboração temática representa o devir e a objetividade; esta última contém em si como momento de impulso, aquele primeiro momento subjetivo, assim como, inversamente, o momento subjetivo como ser possui objetividade. A partir do romantismo a música consiste na contraposição e na síntese desses momentos. Não obstante, parece que estes se subtraem a tal fusão, do mesmo modo que o conceito burguês de indivíduo está em permanente contradição com a totalidade do processo social. A incongruência entre o tema e o que este experimenta durante o desenvolvimento seria a cópia dessa inconciliabilidade social. (2007, p.64)

Como se pode depreender desse trecho, também a leitura de um conteúdo social imanente às formas musicais dependerá sobremaneira da interpretação de Adorno do paradigma classicista-organicista característico das primeiras fases da obra de Beethoven como uma manifestação musical da estrutura de reprodução da então emergente sociedade capitalista.[3]

---

de sempre e em todo lugar confiar sem hesitação na experiência das obras, em certas seções ele [o livro] tratou o material em si e seu movimento, sobretudo a técnica dodecafônica, de uma maneira praticamente abstrata, independente de sua cristalização nas obras" (2002c, p.148-9).

3 Em um texto tardio como o capítulo *Mediação* de *Introdução à sociologia da música* encontraremos a seguinte colocação, crucial para um bom entendimento da filosofia da história da música que determina os escritos musicais de Adorno: "na música de Beethoven a sociedade é conceitualmente conhecida e não fotografada. O que nós chamamos de trabalho motívico é a mútua anulação das antíteses, dos interesses individuais. A totalidade que governa a química de sua obra não é um conceito

O DODECAFONISMO TARDIO DE ADORNO **29**

O que vimos até aqui já nos fornece subsídios para entendermos não só de que modo Adorno pôde pensar a forma musical como modo de cognição, mas também de que maneira ele concebia a partilha estrutural entre a imanência formal das obras e o contexto sócio-histórico exterior a elas. Nesse contexto, "o conceito de continuação como categoria formal" desponta como o foco da atenção das reflexões de Adorno a respeito do impulso totalizante presente na justificativa da técnica dodecafônica como condição de possibilidade à reconstrução de grandes formas instrumentais autônomas. A seguir, passaremos a investigar a importância que essa maneira de encarar as grandes formas tem para com a reflexão de Adorno sobre a temporalidade própria à música burguesa, uma investigação que novamente culminará na crítica adorniana à técnica dodecafônica.

Tempo musical e consciência histórica

Em seus fragmentos póstumos sobre Beethoven, Adorno alerta-nos em relação ao real sentido de sua leitura do conteúdo histórico da música dos primeiros períodos do compositor de Bonn:

> Dizer que a música de Beethoven expressou o Espírito do Mundo, que ela era o conteúdo daquele Espírito ou coisa do gênero, seria indubitavelmente puro absurdo. O que é verdade, contudo, é que sua música expressou as mesmas experiências que inspiraram o conceito de Hegel de Espírito do Mundo. (1998, p.32)

---

que cobre e esquematicamente subsume os vários momentos; ela é a epítome tanto daquele trabalho temático quanto de seu resultado, a composição terminada. A tendência existe, tão grande quanto possível, em desvalorizar o material natural a partir do qual a obra é confirmada. Os cernes motívicos, os particulares aos quais cada movimento está atado são eles mesmos idênticos ao universal; eles são fórmulas da tonalidade, reduzidas a nada como suas coisas e pré-moldadas pela totalidade tanto quanto o indivíduo na sociedade individualista. A variação em desenvolvimento, uma imagem do trabalho social, é negação determinada: daquilo que uma vez foi posto ela incessantemente produz o novo realçando-o à medida que o destrói em sua imediatidade, sua forma quase natural (1976, p.209-10).

30 IGOR BAGGIO

Ao discorrer sobre o conceito filosófico de modernidade em Hegel no primeiro capítulo de seu *O discurso filosófico da modernidade*, intitulado justamente como *A consciência de tempo da modernidade e sua necessidade de autocertificação*, Habermas salienta que este está indissoluvelmente ligado a um novo entendimento do que seja a história. Segundo Habermas:

> Constitui-se então a representação da história como um processo homogêneo, gerador de problemas; de modo concomitante, o tempo é experienciado como um recurso escasso para a resolução dos problemas que surgem, isto é, como pressão do tempo. O espírito do tempo (*Zeitgeist*), um dos novos termos que inspiram Hegel, caracteriza o presente como uma transição que se consome na consciência da aceleração e na expectativa da heterogeneidade do futuro. (2002, p.10)

Posteriormente, o autor complementa afirmando que:

> Um presente que se compreende, a partir do horizonte dos novos tempos, como a atualidade da época mais recente, tem de reconstituir a ruptura com o passado como uma *renovação contínua*.
>
> É nesse sentido que os conceitos de movimento, que no século XVIII, juntamente com as expressões "modernidade" ou "novos" tempos, se inserem ou adquirem os seus novos significados, válidos até hoje: revolução, emancipação, desenvolvimento, crise, espírito do tempo etc. (idem, p.11-2)

A partir dessas colocações, poderíamos afirmar que é justamente essa nova consciência temporal o que formará o núcleo daquelas experiências que Adorno julgava estarem na base tanto da reconstrução beethoveniana da forma-sonata quanto da filosofia da história de Hegel. Na medida em que a constituição do tempo musical passa a depender de maneira decisiva da variação em desenvolvimento, procedimento que reproduzirá no interior da forma musical a necessidade de "reconstituir a ruptura com o passado como uma renovação contínua" à qual se refere Habermas, a lógica por trás da representação moderna da história, por assim dizer, adentra a forma musical.[4]

---

4 No já mencionado ensaio *Sobre o relacionamento contemporâneo entre filosofia e*

O DODECAFONISMO TARDIO DE ADORNO 31

As obras musicais passam a ser "a historiografia inconsciente de si mesma da sua época; o que não é o último fator da sua mediação relativamente ao conhecimento. É isso precisamente que as torna [sic] incomensuráveis ao historismo [sic] que, em vez de seguir o seu próprio conteúdo histórico, as reduz à história que lhes é exterior" (Adorno, s. d., p.207). Se a partir desse momento o "... espírito nas obras de arte não é um elemento acrescentado, mas estabelecido pela sua estrutura" (idem, p.208), tal fato possibilitará que expressão e construção se imbriquem tornando possível a concepção da forma como conteúdo sedimentado.[5] Ainda em relação a esse ponto encontraremos a seguinte passagem na *Filosofia da nova música*:

> Logo, em relação ao desenvolvimento, a variação serve para estabelecer relações universais concretas, não esquemáticas. A variação se dinamiza, mesmo quando conserva não obstante idêntico o material que lhe serve de ponto de partida, o que Schoenberg chama "modelo". Tudo é sempre o mesmo. Mas o sentido desta identidade se reflete como não-identidade. O material que serve como ponto de partida está feito de tal maneira que conservá-lo significa ao mesmo tempo modificá-lo. Esse material não é *em si*, mas é somente em relação com as possibilidades do todo. [...] Em virtude desta não-identidade da identidade, a música readquire uma relação absolutamente nova com o tempo em que se desenvolve cada vez. O tempo já não lhe é indiferente, porque na música não se repete segundo o seu capricho, mas se transforma continuamente. E por outro lado já não é escrava do tempo entendido como mera entidade, porque nestas modi-

---

música, Adorno dirá o seguinte a esse respeito: "O tempo desenvolvimentista realmente dinâmico da música, cuja ideia o classicismo vienense cristalizou – aquele tempo no qual o ser em si é transformado em um processo e, ao mesmo tempo, seu resultado –, não é apenas geneticamente, mas substantivamente o mesmíssimo tempo que constituiu o ritmo da sociedade burguesa emancipada, que interpretou seu próprio jogo de forças como estabilidade. O relacionamento entre a lógica de Hegel e o método de composição de Beethoven, que pode ser demonstrado em detalhe e que pesa ainda mais porque podemos excluir qualquer noção de influência, como obtida, por exemplo, entre Schopenhauer e Wagner, é mais do que mera analogia" (2002c, p.144).

5 "o tempo que é imanente em cada música, sua historicidade interna, *é* tempo histórico real, refletido como aparência" (Adorno, 2002c, p.144).

ficações se mantêm idêntica. O conceito de clássico na música é definido por esta relação paradoxal com o tempo, mas tal relação abarca do mesmo modo a limitação do princípio do desenvolvimento. (2007, p.51)[6]

Essa interpretação acerca da temporalidade própria à constituição da forma-sonata a partir de Beethoven proporciona que a dialética entre expressão e construção se desdobre em outra, naquela entre dinâmica e estática – esta, por sua vez, sugerindo a intersecção entre a nova consciência temporal capaz de orientar o conceito de modernidade a partir de Hegel e a "relação paradoxal" com o tempo, garantida pelo procedimento técnico da variação em desenvolvimento e capaz de sustentar o estatuto clássico da música no trecho de Adorno citado anteriormente. Desse modo,

a modernidade afirma-se como aquilo que um dia será *clássico*; "clássico", de agora em diante, é o "clarão" da aurora de um novo mundo, que decerto não terá permanência, mas, ao contrário, sua primeira entrada em cena selará também a sua destruição. (Habermas, 2002, p.15)

O caráter problemático ostentado desde o início por essa nova consciência temporal decorre de que, uma vez posta em movimento, a força de dissolução do pensamento negativo passa desde o início a apontar para uma ontologização do processo constante de dissolução do antigo no novo. Na *Filosofia da nova música*, "a limitação do princípio do desenvolvimento" será o que permitirá a Adorno conceber o momento de verdade da seção de recapitulação na forma-sonata em Beethoven (2007, p.51), mesmo que em suas anotações póstumas

---

6 Em outro dos apontamentos de Adorno sobre Beethoven publicados postumamente, pode-se encontrar uma espécie de digressão a essa reflexão: "É necessário clarificar o conceito de *desenvolvimento* musical junto ao texto. Ele não é idêntico àquele de variação, mas mais *restrito*. Um momento central é a irreversibilidade do *tempo*. Desenvolvimento é uma variação na qual um elemento posterior pressupõe um anterior como algo anterior, e não vice-versa. De todo, a lógica musical não é simplesmente identidade na não identidade, mas uma sequência significativa de momentos; isto é, o que vem antes e o que vem depois é o que precisa constituir o sentido ou resultado" (1998, p.67).

O DODECAFONISMO TARDIO DE ADORNO 33

sobre o compositor tal seção já seja identificada como problemática e ideológica. Na medida em que, na seção de recapitulação, Beethoven seria capaz de "manufaturar" uma falsa transcendência ao manipular o sistema tonal visando construir a recapitulação como resultado sonoro necessário da seção de desenvolvimento de maneira afirmativa e enfática (Adorno, 1998, p.75-80), Adorno poderá afirmar aí: "a recapitulação: o retorno para si mesmo, a reconciliação. Assim como isso permanece problemático em Hegel (quando o conceitual é posto como real), em Beethoven, no qual o elemento dinâmico é liberado, a recapitulação também é problemática" (idem, p.12). Ou ainda: "Da recapitulação Beethoven produz a identidade do não-idêntico. Implícito nisso, contudo, é o fato de que enquanto a recapitulação é por si mesma positiva, o tangivelmente convencional, ela é *também* o momento de inverdade, de ideologia" (idem, p.17). Portanto, também no período "heróico" de Beethoven e mesmo em uma obra tardia como a *Nona sinfonia* Adorno poderá detectar uma tendência àquilo que na *Dialética negativa* será denominado "destemporalização do tempo" em relação à filosofia da história de Hegel:

> Tal guinada à intemporalidade não é extrínseca à dialética e à filosofia da história hegelianas. Ao estender-se ao tempo, sua versão da dialética é ontologizada, se converte de uma forma subjetiva nem mais nem menos do que em uma estrutura do ser, ela mesma algo eterno. Nisto se baseiam as especulações de Hegel, que equiparam a ideia de totalidade à caducidade de todo o finito. (Adorno, 2005, p.304)

Já na música de Brahms, na qual a variação em desenvolvimento tenderá a abarcar toda a forma, o risco do esvaziamento da dimensão temporal da música e a consequente perda de seu conteúdo histórico passa a ser ainda mais contundente, anunciando a crise futura no contexto da técnica dodecafônica, quando a variação em desenvolvimento, segundo Adorno, terá finalmente alcançado a totalidade do material melódico-harmônico. Por isso o autor poderá estabelecer a seguinte comparação: "Na maior parte das composições dodecafônicas existentes, a continuação está em uma oposição tão radical em relação à tese da forma fundamental quanto, na música do romantismo tardio, a oposição da consequência em relação à ideia temática" (2007, p.64).

Em nota de rodapé Adorno acrescenta:

A razão disto é a incompatibilidade da plástica melodia do *Lied*, a que o romantismo aspira como a um selo do subjetivismo, com a "clássica" ideia beethoveniana da forma integral. Em Brahms, que se antecipa a Schoenberg em todos os problemas de construção que estão mais além do material harmônico, pode-se apalpar com a mão o que mais adiante se converterá em discrepância entre exposição da série e continuação, em ruptura entre o tema e a consequência mais próxima que dele se possa extrair. (idem, ibidem)

No contexto da música dodecafônica serial, a discrepância entre a "exposição da série e continuação, em ruptura entre o tema e a consequência mais próxima que dele se possa extrair" será o que impedirá para Adorno o estabelecimento de um dodecafonismo positivo que se caracterizaria como garantia à readmissão de funções estruturais antes fornecidas pelo sistema tonal, funções estas que dependiam justamente do profícuo relacionamento dialético entre tema e continuação proporcionado pela capacidade técnica da variação em desenvolvimento. Na realidade, já nas peças expressionistas aforismáticas orientadas pela atonalidade livre, o princípio técnico da variação em desenvolvimento perde seu sentido como procedimento compositivo. Esse será o momento crucial a partir do qual as reflexões de Adorno acerca das condições de possibilidade da própria música, pelo menos daquela música cujo conceito remete às primeiras fases de Beethoven, passam a determinar o curso de sua filosofia da nova música:

Com a assim chamada atonalidade "atemática", livre, as relações são bastante diferentes. [...] Aqui a transmutação das tradicionais (temático-motívicas) categorias da coerência musical em algo quase oposto a elas pode ser traçada e demonstrada. A técnica temática da variação em desenvolvimento – uma técnica que necessita a incessante derivação do "novo", mesmo o radicalmente novo, do "velho" – é radicalizada para se tornar a negação daquilo que costuma ser chamado de desenvolvimento temático ou elaboração. (2002c, p.173)

O DODECAFONISMO TARDIO DE ADORNO 35

O encolhimento temporal característico das peças expressionistas marcará para Adorno a passagem de uma experiência temporal de caráter teleológico assentada sobre o procedimento técnico da variação em desenvolvimento e que fora capaz de sustentar o ideal clássico da forma estética orgânica desde Beethoven para outra determinada pela vivência temporal de *schocks* advindos do contexto exterior à forma. Esses *schocks*, por assim dizer, interromperão a continuidade da consciência de si do sujeito musical estabelecida pela variação em desenvolvimento. Na *Filosofia da nova música*, Adorno contrapõe-se às rotulações despendidas às peças da fase expressionista de Schoenberg, que pretendiam tomá-las como ainda pertencendo a um ultrarromantismo baseado no exagero do princípio da expressão quando afirma que nessas peças:

> Já não se trata de paixões simuladas, mas antes de movimentos corporais do inconsciente, de *schocks*, de traumas, que ficam registrados no meio da música. Atacam os tabus da forma, já que estes submetem tais movimentos à sua censura; racionaliza-os e transpõem-nos em imagens. (2007, p.40)

Mais adiante Adorno completa essa ideia:

> O registro sismográfico de *schocks* traumáticos converte-se ao mesmo tempo na lei técnica da forma musical. Esta lei proíbe toda continuidade e desenvolvimento. A linguagem musical se polariza em seus extremos: atitudes de *schock* e análogos estremecimentos do corpo, por um lado, e por outro expressa, vítreo, aquilo que a angústia torna rígido. E desta polarização depende tanto o mundo formal do Schoenberg da maturidade quanto de Webern. Esta polarização destrói a "mediação" musical que antes havia sido exaltada pela escola de ambos os músicos, a diferença entre tema e desenvolvimento, a continuidade do fluxo harmônico, a linha melódica ininterrupta. (idem, p.42)

Aqui o eco a Walter Benjamin em seu famoso ensaio *Sobre alguns temas em Baudelaire* é claro. Nesse ensaio, que Adorno acompanhou desde a gestação, Benjamin defende a tese de que a estrutura da experiência subjetiva moderna modifica-se a partir do século XIX quando a vivência do choque passaria a operar como seu principal elemento constituinte. Ambos os autores oferecem uma contrapartida às reflexões de Lukács em *História e consciência de classe* acerca da reificação da consciência temporal do proletariado no polo oposto do processo de reprodução social. Lukács argumentara que a partir da interiorização junto à consciência subjetiva do proletariado de características próprias do mecanicismo industrial que engendra a divisão do trabalho, a temporalidade constitutiva desta se vê transfigurada em um vazio espacial preenchido por momentos fragmentários carentes de um real conteúdo experiencial. Segundo Lukács, que por sua vez cita e comenta Marx:

> O tempo perde assim o seu caráter qualitativo, mutável, fluído: fixa-se num *continuum* exatamente delimitado, quantitativamente mensurável, cheio de "coisas" quantitativamente mensuráveis (os "trabalhos realizados" pelo trabalhador, reificados, mecanicamente objetivados, separados com precisão do conjunto da personalidade humana) num espaço. (1974, p.104)

Benjamin tem em vista essa reflexão quando, no mencionado trabalho sobre Baudelaire, afirma que "à vivência do choque, sentida pelo transeunte na multidão, corresponde a 'vivência' do operário com a máquina" (1995, p.126). Mas Benjamin amplia esse tópico em relação à Lukács quando, valendo-se das investigações de Freud em *Além do princípio de prazer* a respeito do processo de adaptação da psique ao choque, sustenta que

> Afinal, talvez seja possível ver o desempenho característico da resistência ao choque na sua função de indicar ao acontecimento, às custas da integridade de seu conteúdo, uma posição cronológica exata na consciência. Este seria o desempenho máximo da reflexão, que faria do incidente uma vivência. Se não houvesse reflexão, o sobressalto agradável ou (na maioria das vezes) desagradável produzir-se-ia invariavelmente, sobressalto que, segundo Freud, sanciona a falha da resistência ao choque. Baudelaire fixou esta constatação na imagem crua de um duelo, em que o artista, antes de

ser vencido, lança um grito de susto. Este duelo é o próprio processo de criação. Assim, Baudelaire inseriu a experiência do choque no âmago de seu trabalho artístico. (idem, p.111)

Porém, para Adorno, justamente por consistir em vivências de adaptação ao choque, as peças do Schoenberg expressionista acabam por se estilizarem na medida em que vão se efetivando. O movimento de crítica à aparência estética fechada que a polarização da linguagem musical em seus extremos proporcionava, nessa fase de sua produção, passa a apontar em direção à reconstrução. Assim, as composições de Schoenberg, posteriores a 1923, serão tomadas também como resultado natural do próprio esgotamento do impulso expressionista:

> Enquanto a expressão polariza a estrutura musical para seus extremos, a sucessão destes constitui por sua vez uma estrutura. O contraste, como lei da forma, não é menos obrigatório do que "a transição" da música tradicional. Poder-se-ia definir a última técnica dodecafônica como sistema de contrastes, como integração do que não está relacionado. (Adorno, 2007, p.46)

E aqui retornamos ao ponto do qual partimos, isto é, à crítica de Adorno à técnica dodecafônica. Ao mesmo tempo em que considerará a emergência dos princípios seriais como consequência histórica do longo processo de subjetivação imanente do material musical, ocorrido principalmente pelo princípio técnico da variação em desenvolvimento, Adorno apontará para o caráter contraditório ostentado pelo "projeto oficial" da Segunda Escola de Viena caracterizado pelo desejo de reconstrução das grandes formas por meio da técnica dodecafônica. Vimos acima Adorno afirmar a estreita dependência que a noção de "grandes formas" mantivera desde Beethoven para com o procedimento técnico da variação em desenvolvimento. Segundo Adorno, no contexto da música dodecafônica serial, porém, como pré-formação do material musical, a figura da série esgotaria todas as possibilidades de manipulação temático-motívicas em um momento anterior à composição propriamente dita, fato que tornaria qualquer variação em desenvolvimento, qualquer continuação no interior da mesma mera tautologia:

Numa música em que todo som individual está determinado profundamente pela construção do todo, desaparece a diferença entre o essencial e o acidental. Em todos os seus momentos, uma música desta classe está igualmente perto do centro. Deste modo as convenções formais, que antes regulavam as distâncias variáveis em relação ao centro, perdem seu sentido. Já não existe nenhuma ligação acessória entre os momentos essenciais, ou seja, os "temas"; em consequência, já não existem temas e, na verdade, tampouco "desenvolvimento". Isto já foi observado nas obras da atonalidade livre. (idem, p.54)[7]

Com a extinção dos conceitos de "tema" e de "desenvolvimento", a vivência do choque, o contraste como lei formal que havia caracterizado a fase dominada pelo atonalismo livre na *Filosofia da nova música* continua operando no âmbito do dodecafonismo serial, em relação ao qual Adorno afirmará: "Já não se acredita que o *continuum* do tempo subjetivo de vivência tenha força de abarcar eventos musicais e dar-lhes um sentido ao conferir-lhes sua unidade. Mas esta descontinuidade mata a dinâmica musical, à qual aquela deve sua existência" (idem, ibidem). Em virtude disso Adorno conclui que:

Em nenhuma outra parte se manifesta com maior clareza do que aqui o secreto entendimento entre a música ligeira e a música mais avançada. Schoenberg, em sua última fase,[8] comparte com o *jazz*, e no demais tam-

---

7 Em *O caminho para a música nova*, Webern exteriorizara esse problema no contexto de sua produção à época do atonalismo livre: "Por volta de 1911, compus as Bagatelas para quarteto de cordas, opus 9, uma série de peças curtas, que duram dois minutos cada uma, talvez as peças musicais mais curtas escritas até hoje. Tive a sensação de que, uma vez enunciados os doze sons, a peça estava terminada. Só muito mais tarde concluí que tudo isso era um momento de uma evolução necessária" (1984, p.133-4). Para Adorno, a técnica dodecafônica não supera o problema da continuação. Pelo contrário, o dodecafonismo serial apenas o tornaria ainda mais agudo.

8 Safatle (2006) aponta para um possível engano de Adorno nessa passagem: "De fato, Adorno não deve estar pensando exatamente na última fase de Schoenberg, após 1934, fase marcada pelo hibridismo de uma forma que permite a utilização de material tonal. Certamente, o verdadeiro alvo aqui deve ser o período 1923-1933, no qual a técnica dodecafônica reina".

O DODECAFONISMO TARDIO DE ADORNO 39

bém com Stravinsky, a dissociação do tempo musical. A música delineia a imagem de uma constituição do mundo que, para bem ou para mal, já não conhece a história. (idem, p.55)

A perda do conteúdo histórico da música, ou seja, aquilo que Adorno analisará na *Filosofia da nova música* como a "virada da dinâmica musical em estática" significaria, em última análise, a capitulação do estatuto autônomo da música frente à heteronomia. O princípio da subjetividade autônoma, quando tornado absoluto e ao purificar a textura musical de todo elemento convencional, isto é, idiomático do interior da forma, acaba por eliminar o princípio da subjetividade, o sujeito musical autônomo que em última análise dependia de uma mecânica expressiva intimamente ligada às convenções. Até a queda do sistema tonal, a expressão era pensada por Adorno como dependendo dos momentos de desvio da norma do sistema tonal. Em relação a Beethoven, por exemplo, Adorno dirá que "a expressão é mediada pela linguagem e seu estágio histórico de desenvolvimento. Nesse sentido, o todo está contido em cada acorde de Beethoven" (1998, p.58). Mas com o nivelamento total de todos os sons e todos os intervalos da escala temperada na figura da série, tal concepção de expressão fica vetada:

[...] uma vez que caíram todas as relações sedimentadas com o tempo e feitos habituais e com elas caiu toda diferença hierárquica dos intervalos, dos sons e das proporções formais, a expressão não pode tampouco ser imaginada. O que antes recebia seu sentido da diferença do esquema ficou desvalorizado e nivelado em todas as dimensões do processo de composição e não somente na melodia e na harmonia. (Adorno, 2007, p.67)

No limite do esclarecimento musical, este é concretizado como autodestruição do próprio esclarecimento musical e, portanto, como alienação em relação ao material e em relação à tradição, o distanciamento relativo à qual havia garantido até então o sentido musical. Daí a Adorno afirmar que

A historicidade interna do pensamento é inseparável do conteúdo deste e portanto da tradição. Do contrário, o sujeito puro, perfeitamente sublimado, seria o absolutamente desprovido de tradição. Um conhecimento que satisfizesse por completo ao ídolo dessa pureza, a atemporalidade total, coincidiria com a lógica formal, seria tautologia; nem sequer haveria já lugar para uma lógica transcendental. A atemporalidade a que a consciência burguesa, talvez como compensação de sua própria mortalidade aspira é o cúmulo da sua obcecação. (2005, p.60)

Será ao postular uma "identidade pura", isto é, abstrata entre o sujeito e o material musical que a técnica dodecafônica será tomada por Adorno como um sistema de dominação do material musical, um sistema que, assim como os sistemas idealistas criticados por Adorno, visará "assegurar em todos os seus níveis uma infinitude positiva a seu princípio". Ao apresentar-se como infinitude, o conteúdo histórico da música assume contornos de destino, de mito:

A racionalidade dodecafônica como sistema fechado e impenetrável até para si mesmo, em que a constelação dos meios se transforma diretamente como fim e como lei, aproxima-se da superstição. A legitimidade em que se move está suspensa como um destino sobre o material que determina, sem que essa própria determinação sirva a um fim preciso. (Adorno, 2007, p.58)

Segundo Adorno, nesse estágio, ao determinar-se como um destino sobre o material, a técnica dodecafônica desemboca em uma falta de liberdade que acaba por atingir todas as dimensões da composição musical: melodia, harmonia, timbre, contraponto e forma. Passemos agora, pois, à análise realizada por Adorno em *Schoenberg e o progresso* a respeito dos efeitos da técnica dodecafônica sobre as dimensões da composição acima mencionadas.

O fracasso da obra-prima técnica

No entender de Adorno, devido à coincidência entre melodia e série, a composição de melodias dodecafônicas cai vítima de um determinismo: "Com cada nova nota a escolha dos sons restantes torna-se

O DODECAFONISMO TARDIO DE ADORNO **41**

mais reduzida e por fim já não permanece nenhuma escolha. É evidente que aqui impera a obrigação" (2007, p.63). A melodia dodecafônica adquire um caráter compacto, fechado e denso que, segundo o autor, acaba por aproximá-la do *refrain* dos rondós. Não por acaso, portanto, Schoenberg teria flertado de maneira "pré-crítica" com essa forma em seu período médio. No entender de Adorno, isso apenas torna explícito o estatuto precário da continuação no interior da prática serial:

> A reminiscência da natureza tradicional do rondó opera como substituto do fluxo imanente, que fica cortado. Schoenberg assinalou que, no fundo, a teoria tradicional da composição trata somente dos começos e dos finais, mas nunca da lógica do desenvolvimento. A melodia dodecafônica apresenta o mesmo defeito. Cada uma de suas continuações ou desenvolvimentos mostra um momento de arbitrariedade. (idem, ibidem)

Ainda segundo o autor: "Isto sugeriria que a série dodecafônica, uma vez terminada, não admite de modo algum continuar por si mesma e que somente é possível desenvolvê-la posteriormente mediante procedimentos exteriores" (idem, ibidem). Aqui Adorno reafirma a persistência, no contexto do dodecafonismo serial, do impasse detectado por Webern em relação ao atonalismo livre.

Outro fator problemático da melodia dodecafônica, apontado por Adorno, será sua subordinação ao ritmo. Isso ocorreria à medida que a hierarquia existente entre os intervalos no interior do sistema tonal e mesmo no atonalismo livre (hierarquia capaz de determinar as diferentes funções formais adquiridas pela melodia ao longo de uma peça) é completamente dissolvida pela nivelação completa dos intervalos no interior da série:

> A verdadeira qualidade de uma melodia é sempre medida segundo o grau em que consiga transpor no tempo a relação, por assim dizer, "espacial" dos intervalos. A técnica dodecafônica destrói radicalmente esta relação. O tempo e o intervalo se separam. As relações de intervalo estão determinadas, de uma vez por todas, pela série e suas derivações. Não há nada novo no decurso dos intervalos, e a série, por sua onipresença, é incapaz de estabelecer a coerência temporal. Com efeito, esta coerên-

cia só se produz mediante elementos diferenciadores e não mediante a simples identidade. Mas assim a coerência melódica fica relegada a um meio extramelódico: o do ritmo tornado independente. A série, em virtude de sua onipresença, não é específica. E desta maneira a especificação melódica se reduz a figuras rítmicas constantes e características. Determinadas figuras rítmicas retornam incessantemente e assumem a função de temas. (idem, p.64-5)

Em última análise, o que está em jogo aqui é o fato de a relação entre os intervalos se tornar virtualmente casual. A possibilidade de justificar relações formais de simetria, bem como a criação de nuances expressivas por meio do uso específico de certas relações entre intervalos determinados fica ameaçada. Todas as relações capazes de determinar as qualidades dos intervalos (consonância-dissonância; relação com os graus de uma determinada escala e com a harmonia) são minadas. Ao serem tomados como mera natureza, ignorando a carga histórica imanente a eles, "os intervalos converteram-se em meras pedras de construção, e todas as experiências acumuladas em sua diferenciação parecem perdidas" (idem, p.65).

Também em relação ao princípio da harmonia complementar, a qual teria proporcionado à música a conquista de certo efeito de perspectiva (no sentido que esse termo possui na pintura), e apesar de Adorno salientar sua coerência, será analisada a questão do "fim da experiência do tempo na música" (idem, p.69-70). O caráter de sucessão casual e estático do relacionamento entre os acordes pelo princípio da harmonia complementar decorre, segundo Adorno, da identidade postulada pela lógica serial entre melodia e harmonia. Assim como na música tonal, afirmará o autor, os problemas harmônicos, no contexto do dodecafonismo serial, também procedem da condução das vozes e estes, por sua vez, procedem daqueles. Contudo, a tão buscada unificação das dimensões melódica e harmônica será algo que Adorno encarará mais como um ideal do que como uma conquista efetiva da técnica dodecafônica. Na realidade, tal busca pela não diferença acabaria em uma desvalorização do aspecto harmônico propriamente dito:

O DODECAFONISMO TARDIO DE ADORNO   **43**

A identidade positiva das dimensões não está tão garantida quanto postulada pelo esquema dodecafônico. Em cada momento da composição a identidade volta a ser proposta e a partitura aritmética não diz de modo algum se aquela foi alcançada e se o "resultado" se justifica também harmonicamente pela tendência intrínseca dos acordes. A maior parte das composições dodecafônicas troca essa coincidência pela mera exatidão numérica. No máximo as harmonias derivam nessas composições somente daquilo que se desenvolve nas partes e não dão um significado especificamente harmônico. [...] Não somente os sons são contados antecipadamente, mas também o predomínio das linhas horizontais apaga a harmonia. Não podemos nos livrar da suspeita de que todo o princípio da não-diferença entre melodia e harmonia se converte numa ilusão, assim que é posto à prova. (idem, p.71)

Assim como a melodia, a harmonia dodecafônica tornará patente o esvaziamento da capacidade expressiva da música decorrente da nivelação entre dissonâncias e consonâncias. E aqui precisamos ter em mente que no entender de Adorno "as dissonâncias surgiram como expressões de tensão, de contradição e de dor. Sedimentaram-se e converteram-se em 'material'. Já não são meios de expressão subjetiva, mas nisto não renegam sua origem e se convertem em caracteres de protesto objetivo" (idem, p.72-3). A crítica efetuada na *Filosofia da nova música* à técnica dodecafônica pressuporá sempre essa concepção da dissonância que se perderia no âmbito da harmonia dodecafônica:

Enquanto a dissonância mais aguda, a segunda menor, que na atonalidade livre se empregava com extrema circunspecção, é manejada agora como se não significasse absolutamente nada e nos coros amiúde prejudica manifestamente a partitura, por outro lado aparecem cada vez com maior frequência sonoridades vazias como as de quarta e quinta, que levam a marca da desgraça de estarem concebidas de maneira puramente acidental: são acordes carentes de tensão, obtusos, de modo algum diferentes daqueles que o neoclassicismo preferia e especialmente Hindemith. [...] Surgem por todas as partes, sem que o compositor queira, fontes tonais do tipo que uma crítica atenta poderia distinguir facilmente na atonalidade livre. Não são interpretadas dodecafonicamente, mas justamente como acordes tonais. (idem, p.72)

Por depender diretamente da melodia e da harmonia, a orquestração também se vê afetada negativamente pelo construtivismo absoluto da técnica dodecafônica. Segundo Adorno, o princípio da *Klangfarbenmelodie* (melodia de timbres) estabelecido na fase do atonalismo livre perde-se com a passagem para o universo serial. Ao não poder se apoiar na "substancialidade do feito harmônico, negada pela técnica dodecafônica" (idem, p.74), o timbre tende a voltar a ser pensado como mero registro. Disso decorreria que "a sonoridade se torna clara, limpa e lúcida como a lógica positivista." (idem, p.75) – uma sonoridade que renega o colorido instrumental como uma dimensão produtiva do ato composicional em troca de uma ênfase no papel do registro junto à visibilidade estrutural da grande forma.

No que diz respeito ao contraponto, apesar deste ser tomado na *Filosofia da nova música* como o "verdadeiro beneficiário da técnica dodecafônica" (idem, ibidem), Adorno apontará principalmente dois aspectos problemáticos do contraponto dodecafônico. Primeiramente, Adorno colocará em foco a contradição representada pela recuperação de um contraponto imitativo no interior de composições dodecafônicas seriais. Tal contradição deriva diretamente dos problemas analisados acima em relação às demais dimensões da composição musical, principalmente daqueles relacionados à dimensão harmônica, e acaba por tornar precária até mesmo a primazia do contraponto no contexto dodecafonismo serial:

> Os empenhos mais abstratos de regras retrógradas (caranguejo) e de espelho são esquemas com que a música se esforça por dissimular o quanto há de fórmula na harmonia, ao fazer coincidir os acordes, em si "universais", com a determinação absoluta do decurso das partes. Mas este mérito diminui quando cai a pedra harmônica do escândalo e quando o contraponto já não pode legitimar-se mediante a formação de acordes "perfeitos". A única unidade de medida é a série. A série fornece a mais estreita inter-relação das partes, que é a do contraste. A aspiração de compor nota contra nota se realiza literalmente na técnica dodecafônica. A heteronomia do princípio harmônico com respeito à dimensão horizontal subtraíra-se a essa aspiração. Agora a compulsão exterior das harmonias dadas fica rompida. A unidade das partes pode desenvolver-se estreita-

O DODECAFONISMO TARDIO DE ADORNO   45

mente partindo de sua diversidade, sem os ligamentos da "afinidade" harmônica. (idem, p.77)

Ou seja, o contraponto imitativo ao qual retornavam os compositores da Segunda Escola de Viena por meio da técnica dodecafônica dependia daquela heteronomia da harmonia frente à melodia (mencionada na passagem acima) para adquirir legitimidade. No âmbito da música dodecafônica serial, uma música na qual tal heteronomia praticamente deixa de existir, todo procedimento imitativo passaria a constituir uma tautologia, uma "ultradeterminação". Devido a isso, Adorno afirmará que, no dodecafonismo serial, procedimentos de orientação imitativa ou canônica acabam por organizar "novamente uma conexão já organizada pela técnica dodecafônica. Com efeito, nela já se desenvolveu ao máximo grau aquele princípio que de maneira rudimentar estava na base da arte imitativa ou canônica" (idem, ibidem). O "princípio que de maneira rudimentar estava na base da arte imitativa ou canônica" é a busca pela máxima afinidade entre as partes individuais, justamente o princípio que, de certa forma, melhor caracteriza o dodecafonismo serial, daí o caráter de ultradeterminação ostentado por todo contraponto imitativo ou canônico nesse contexto.

Adorno situará a origem dessa necessidade de a composição dodecafônica serial retornar a procedimentos imitativos ou canônicos junto à impossibilidade da nova técnica de organizar grandes formas autônomas. Isso está claro em uma afirmação como:

> É claro que recorrer novamente a meios de uma polifonia arcaica não é um mero capricho da mania de combinar elementos. Os modos de procedimento tonal a eles inerentes foram exumados precisamente porque a técnica dodecafônica como tal não oferece o que dela se pretende. A queda do elemento especificamente harmônico como constituinte de formas torna-se sensível de maneira tão inquietante que o puro contraponto já não basta para garantir uma organização compensadora. Na verdade, não basta sequer no sentido propriamente contrapontístico. (idem, p.78)

E aqui alcançamos o segundo momento da crítica de Adorno ao contraponto dodecafônico na *Filosofia da nova música*. Não apenas os

46 IGOR BAGGIO

princípios imitativos e canônicos seriam incompatíveis com a técnica dodecafônica como o próprio sentido do contraponto, a polifonia, acabaria por ser posto em xeque por tal técnica:

> Nunca uma parte se agrega a outra de maneira realmente livre, mas o faz sempre apenas como "derivação" e é precisamente a completa liberdade deixada, numa voz, aos feitos musicais, que se desenvolve na outra, isto é, sua negação recíproca, que as coloca numa relação de reflexo, em que está latente a tendência a superar, em última instância, a independência recíproca das partes, ou seja, todo o contraponto... e isto justamente no acorde de doze sons, a que talvez se oponha o princípio da imitação. (idem, ibidem).

A máxima unidade entre as partes alcançada pelo uso da série atomizaria as mesmas, restando, entre elas, apenas o mero contraste. A polifonia inverte-se em monodia. Adorno conclui que

> Na realidade, o contraponto tem direito à existência somente na superação de algo que lhe é exterior, que se lhe opõe e ao qual se "junta". Quando já não existe tal prioridade de um elemento que é musical por si e com o qual o contraponto possa provar-se, este se converte num esforço inútil e desaparece num *continuum* indiferenciado. Compartilha, por assim dizer, a sorte de um ritmo cheio de contrastes, que no curso de partes diferentes e complementares acentua todos os tempos do compasso, com o qual se transforma precisamente em monotonia rítmica. (idem, p.79)

A análise de Adorno acerca do que poderíamos chamar de implosão da melodia, da harmonia, do timbre e do contraponto dodecafônicos culmina na verificação da impossibilidade do projeto serial de reconstrução de grandes formas autônomas, fato que será exteriorizado de maneira categórica pela seguinte afirmação: "A reconstrução da grande forma através da técnica dodecafônica não é meramente problemática como ideal. Problemática é sua [sic] própria possibilidade de consegui-la" (idem, p.80). Como tentamos mostrar ao longo deste capítulo, tal impossibilidade emerge quando, ao visar fundar a composição sobre a onipotência de uma subjetividade autônoma, o domínio técnico do

O DODECAFONISMO TARDIO DE ADORNO **47**

material acaba por reduzir o material "a um substrato amorfo, absolutamente indeterminado em si, a que o sujeito compositor e ordenador impõe seu sistema de regras e leis" (idem, p.95). Como alienação entre o sujeito e o material artístico, tal redução do conteúdo histórico do material artístico a um substrato natural é chamado por Adorno, na *Filosofia da nova música,* de "dessensibilização do material".

A resposta por parte de diversos artistas a esse panorama de dessensibilização dos materiais reincide nos escritos de Adorno sobre arte e principalmente naqueles sobre música relacionada à noção de *obra tardia* ou *estilo tardio.* Adorno alude a isso ao afirmar em relação a Schoenberg, por exemplo: "O que Goethe atribuía à idade, o retrocesso gradual da manifestação, chama-se, em conceitos da arte, dessensibilização do material" (idem, p.97). Segundo Adorno, o material apresenta-se esfacelado a Schoenberg em seu último período: "A linguagem musical se dissocia em fragmentos. Mas neles o sujeito está em condições de emergir indiretamente e como algo 'significativo', no sentido de Goethe, enquanto em troca as travas da totalidade material o teriam acorrentado" (idem, p.96). Ao aludir à possibilidade de o sujeito emergir indiretamente junto ao material fragmentado, Adorno está se referindo à sua interpretação das obras tardias em geral e não apenas às de Schoenberg, como respostas críticas ao problema da dessensibilização do material. Sobre isso passamos agora a nos deter.

2
A CONDIÇÃO TARDIA DA MÚSICA MODERNA

> *Hoje, a* Aufklaerung *depurou completamente a obra da "ideia", que aparece como um simples ingrediente ideológico dos feitos musicais, como uma* Weltanschauung *particular do compositor. E a obra, graças precisamente à sua espiritualização absoluta, converte-se em algo que existe cegamente, em flagrante contraste com a determinação inevitável de toda obra de arte como Espírito.*
>
> Adorno, *Filosofia da nova música*

Dessensibilização do material

Seria apressado tomar o fenômeno descrito por Adorno como dessensibilização do material, nas páginas finais do ensaio *Schoenberg e o progresso* de *Filosofia da nova música*, como um fenômeno restrito à última fase de Schoenberg. Na verdade, na medida em que a dessensibilização do material decorre para Adorno do praticamente total domínio técnico do material musical, este sendo encarado pelo autor como constituindo a tendência à total subjetivação do mesmo, isto é, à

50   IGOR BAGGIO

total identidade do material para com o sujeito, tal fenômeno apresenta-
-se como uma constante ao longo da modernidade. Já as últimas obras
de Beethoven, assim como as de Hölderlin e as de George, no âmbito
da poesia, seriam exemplos claros desse fato para Adorno. Em todos
esses autores (dentre outros analisados ao longo da obra de Adorno) o
problema da dessensibilização do material se apresentará após o amplo
domínio técnico do material efetuado por eles nos períodos anteriores
às suas últimas obras, períodos esses caracterizados, geralmente, pelo
desejo de reconstrução de cânones formais clássicos.[1]

Vimos, no final do capítulo anterior, que a perda do conteúdo
histórico da música, problema a partir do qual emergiriam as últimas
composições de Schoenberg segundo Adorno, resultava na alienação
do sujeito musical frente ao material. Surgindo como um princípio
dinâmico, histórico, a relação dialética entre o sujeito e o material
musical, ao alcançar um estado de identidade praticamente absoluta,
acabava por adquirir um estatuto simbólico-estático próprio dos mitos. Para essa inversão (à qual Adorno refere-se na *Filosofia da nova
música* como a "virada da dinâmica musical em estática") apontava o
fato de que o próprio material que até então havia sido encarado como
algo histórico por Schoenberg passa a ser tomado como um substrato
meramente natural a partir do momento em que passa a ser postulada
a identidade entre a composição musical e a disposição do material via
técnica dodecafônica. Para Adorno, tal identidade desembocava na

---

1 Apesar de Adorno aproximar a perda do conteúdo histórico da música na fase
média de Schoenberg do neoclassicismo de Stravinsky, por exemplo, é preciso
diferenciar o que Adorno entende por dessensibilização do material em relação ao
primeiro, daquilo que ele chama de fetichismo do material em relação ao segundo.
Enquanto a atomização do material referida com a expressão "dessensibilização
do material" decorre da culminância de um amplo processo histórico de racionalização do material imanente às obras, a atomização do material que caracterizará o
fetichismo do material decorreria da postura anti-histórica a partir da qual os neo-
classicismos pretenderiam dele dispor. Ainda que tanto em Stravinsky quanto no
último Schoenberg o procedimento construtivo privilegiado seja, de certo modo,
a montagem, a postura neoclássica do primeiro será caracterizada por uma fixação
estática nos fragmentos isolados do material que ignoraria o conteúdo histórico
dos mesmos, enquanto as obras tardias do segundo tratariam de, com vistas ao
conteúdo histórico dos fragmentos, montá-los em uma constelação dinâmica.

O DODECAFONISMO TARDIO DE ADORNO 51

falta de sentido do fato musical que passa assim a se apresentar como uma hipóstase dos meios técnicos (o próprio sujeito musical na figura da técnica dodecafônica) em detrimento de um fim (a ideia) musical mais além do próprio funcionar da técnica (2007, p.58-9). Em última análise, tal fato acabava por inviabilizar o projeto oficial de reconstrução das grandes formas autônomas por meio da técnica dodecafônica e, por isso, o problema referente às últimas obras de Schoenberg, para Adorno, deve ser entendido como um problema histórico-filosófico mais amplo.

Como afirmou a comentadora e tradutora de Adorno para o inglês Shierry Weber Nicholsen: "Uma preocupação com obra tardia e a noção associada de estilo tardio atravessa a obra de Adorno. Ela reflete o aspecto hegeliano de sua estética em sua preocupação com o 'fim da arte'" (1997, p.7). De fato, no célebre item de seus *Cursos de estética* intitulado *O fim da forma de arte romântica*, Hegel foi o primeiro filósofo a retratar "o problema" da modernidade estética como consistindo na alienação entre a subjetividade autônoma e o conteúdo histórico do material artístico. Já no parágrafo de abertura do item em questão Hegel afirma:

> A arte, tal como até agora foi objeto de nossa consideração, tinha como sua base a unidade do significado e da forma, e igualmente a unidade da subjetividade do artista com seu conteúdo e obra. Mais precisamente, era a espécie determinada dessa união que fornecia para o conteúdo e sua exposição correspondente a norma substancial, a qual penetrava toda configuração. (2000, p.338)

Para Adorno, a obra dos primeiros períodos de Beethoven fora justamente a última a poder postular essa espécie de unidade. Isso fica claro, por exemplo, na análise realizada pela musicóloga Rose Rosengard Subotnik dos textos de Adorno a respeito da música do século XIX. Nas palavras dessa autora:

> Começando com as obras do último período de Beethoven, a música do século XIX é consistentemente caracterizada por Adorno como exibindo o que poderia ser chamado uma condição "pós-totalidade", uma inabilidade

52 IGOR BAGGIO

em recuperar a qualidade de completude alcançada brevemente no classicismo, especialmente no segundo período de Beethoven. (1978, p.38)

Se lembrarmos do que foi dito no capítulo anterior a respeito do caráter problemático da seção de recapitulação da forma-sonata no Beethoven das fases classicistas, segundo a interpretação de Adorno, veremos que mesmo aí a espécie de unidade à qual se refere Hegel já se apresentava como algo problemático. Para Hegel, que, portanto, já refletia sobre as condições de possibilidade da arte de sua própria época, o rompimento da unidade entre o significado e a forma ou entre a subjetividade e o conteúdo e a obra (unidade que estava na base da concepção clássica do conceito de obra) decorria do movimento de autonomização da arte moderna em relação a conteúdos de ordem mítica, religiosa e até mesmo subjetiva, como fora o caso ao longo da forma de arte romântica.[2] Ainda em Hegel, tal alienação entre sujeito e objeto acometeria as formas de arte sempre que estas alcançassem um grau de exteriorização absoluto de seus conteúdos historicamente determinados:

> O espírito se elabora a si nos objetos apenas enquanto ainda há neles um mistério, algo não revelado. Este é o caso quando a matéria ainda é idêntica conosco. Mas se a arte, segundo todos os lados, revelou as concepções de mundo essenciais que residem em seu conceito, assim como o círculo do conteúdo que pertence a estas concepções de mundo, assim ela se livrou deste Conteúdo todas as vezes determinado para um povo particular, para uma época particular, e a verdadeira necessidade de novamente acolhê-lo apenas desperta com a necessidade de se voltar *contra* o Conteúdo unicamente válido até então. (Hegel, 2000, p.340)

É verdade que Adorno é crítico em relação à concepção hegeliana de conteúdo (s. d., p.387-92). Para Adorno, este não é dedutível de um

---

2 Na periodização histórica efetuada por Hegel nos *Cursos de estética*, a forma de arte romântica refere-se ao que o filósofo entende como arte moderna, não correspondendo unicamente ao que se costuma entender por romantismo pela historiografia da arte mais recente. A forma de arte romântica, para Hegel, compreende toda a produção artística posterior à grega, da arte cristã até aquela contemporânea ao próprio filósofo.

O DODECAFONISMO TARDIO DE ADORNO **53**

mero *Volkgeist* ou de uma mera *Weltanschauung*, antes consistindo, no caso da música como vimos anteriormente, na própria dialética entre a subjetividade e o material musical. Adorno entende que o conteúdo de verdade (*Wahrheitsgehalt*) de uma obra de arte só pode ser apreendido do próprio movimento imanente do material, daquilo no que ele se transforma enquanto devir ao longo do processo de constituição da forma em cada obra.[3] Ou seja, o conteúdo é para Adorno imanente às obras e depende destas enquanto processo para poder aparecer como tal. Mesmo assim, a reflexão de Hegel acerca da necessidade da arte moderna de voltar-se contra seu próprio conteúdo, isto é, a subjetividade como essência da forma de arte romântica, necessidade decorrente da impossibilidade desta mesma subjetividade se identificar ou se reconhecer em seu material historicamente determinado, parece ser algo essencial para um bom entendimento da interpretação de Adorno sobre a dessensibilização do material e das obras tardias.

Hegel assumirá que o impulso contrário à subjetividade como conteúdo essencial da forma de arte romântica vem associado à crescente reflexividade assumida pelos artistas de sua época em relação à dimensão histórica dos materiais, formas e conteúdos da arte:

> Em nossos dias, em quase todos os povos, o artista também foi tomado pela formação da reflexão, pela crítica, e entre nós alemães, pela liberdade do pensamento e, depois de também terem sido percorridos os estágios particulares necessários da Forma de arte romântica, ele foi transformado, por assim dizer, em *tábula rasa*, no que se refere à matéria e à forma de sua produção. Para o artista dos dias de hoje o estar preso a um Conteúdo particular e a uma espécie de exposição apropriada, apenas para esta matéria, é algo do passado e, desse modo, a arte tornou-se um instrumento

---

3 Nas palavras de Max Paddison: "Para Adorno 'conteúdo' em música é literalmente 'aquilo que está acontecendo' na peça (*das Geschehende*), aquilo que 'acontece' a seu material básico no processo de sua formação e de seu desdobramento através do tempo – por exemplo, aos seus motivos e temas, enquanto desenvolvimentos, transições, 'elaborações', enquanto um processo de vir a ser (*Werden*)" (2001, p.151). Tal concepção do conteúdo musical espelha-se principalmente na concepção de Schoenberg que trata de pensar o desenvolvimento musical como a "história do tema".

livre que ele pode manusear uniformemente, conforme sua habilidade subjetiva em relação a cada conteúdo, seja de que espécie ele for. O artista se encontra, por isso, acima das Formas e das configurações determinadas, consagradas, e se move livremente por si, independente do Conteúdo e do modo da intuição, nos quais anteriormente a consciência tinha diante de seus olhos o sagrado e o eterno. Nenhum conteúdo, nenhuma Forma são mais idênticos imediatamente com a interioridade [*Innigkeit*], com a *natureza*, com a essência substancial do artista, destituída de consciência; cada matéria pode lhe ser indiferente, basta que ela não contradiga a lei formal de ser em geral bela e passível de um tratamento artístico. Hoje em dia não há nenhuma matéria que esteja acima desta relatividade em si e para si, e se ela também é sublime acima disso, pelo menos não existe nenhuma necessidade absoluta de que seja representada pela *arte*. Por isso, no todo o artista se refere ao seu conteúdo, por assim dizer, como um dramaturgo, que apresenta e expõe [*exponiert*] outras pessoas estranhas. Ele, na verdade, agora ainda introduz seu gênio nisso, ele tece com sua matéria própria, mas apenas o que é universal ou o que é completamente contingente; a individualização mais precisa, em contrapartida, não é a sua, mas ele emprega a este respeito sua provisão de imagens, de modos de configuração, de Formas de arte anteriores, as quais, tomadas por si mesmas, são indiferentes, e apenas tornam-se importantes quando justamente aparecem como as mais adequadas para esta ou aquela matéria. (2000, p.340-1)

Essa longa passagem dá ao problema descrito por Adorno como dessensibilização do material sua devida perspectiva histórico-filosófica. Como afirmara Nicholsen, é justamente em relação a esse diagnóstico hegeliano da arte moderna que as noções adornianas de dessensibilização do material e de obra tardia remeterão. Segundo Hegel, a arte contemporânea de sua época já dava sinais de carecer de uma consciência histórica determinada na medida em que acreditava dispor de todo e qualquer material, conteúdo ou forma do passado simultaneamente. O relativismo histórico, que se tornaria tão essencial para a chamada arte pós-moderna, já determinava, portanto, até certo ponto, a arte do século XIX para esse autor. Já para Adorno, as obras tardias de artistas modernos que alcançaram um estágio de dessensibilização do material decorrente de um longo processo de

O DODECAFONISMO TARDIO DE ADORNO **55**

subjetivação imanente do mesmo em suas obras, apesar de passarem a ser orientadas em direção a uma perspectiva plural em relação aos materiais e às formas de configuração passíveis de utilização e aos conteúdos passíveis de veiculação, não farão do sujeito estético uma tábula rasa como queria Hegel.

Obra tardia, alegorização das convenções e o retorno da história

Ao interpretar obras tardias, de modo algum Adorno encarará de maneira apressada a perspectiva de liberdade frente aos materiais descrita por Hegel. Apesar de Adorno admitir o regime de indiferença em relação aos materiais, apontado por Hegel como uma característica das obras tardias, indiferença que autorizaria um retorno a materiais do passado, materiais esses que se encontravam esvaziados de sentido, antes de fazer do sujeito uma tábula rasa, as obras tardias tratarão justamente de problematizar a possibilidade de emancipação do sujeito em relação à dialética histórica dos materiais sem, no entanto, abdicar do conteúdo histórico destes.[4] Para que possamos entender o estatuto do sujeito e do conteúdo histórico dos materiais nas obras tardias, faz-se necessário assinalar a importância fundamental da reflexão histórico-filosófica de Lukács na *Teoria do romance*, e da teoria da alegoria e da filosofia da história de Walter Benjamin para a noção adorniana de obra tardia, noção que se valerá amplamente de outro conceito que percorre a reflexão filosófica de Adorno desde seus escritos de juventude até a *Dialética negativa*, a saber, o conceito de *história natural*.

---

4 Nesse sentido, a seguinte afirmação de Adorno no capítulo *Avant-garde* de *Introdução à sociologia da música* é extremamente oportuna: "Que os compositores estão ilimitadamente por conta própria tornando assim a produção disponível é o fato que gradualmente solapa a mesma. Sua autonomia completamente alcançada [a dos compositores] a prepara [a produção] para a heteronomia; a liberdade no procedimento, o conhecimento de já não estar atrelado a nada estranho, permite o ajustamento a fins estranhos. Em outras palavras: à venda. A história da emancipação das forças produtivas tem sido acompanhada pela destruição das mesmas" (1976, p.187).

56 IGOR BAGGIO

Em seu ensaio de 1932 intitulado *A ideia de história natural*, Adorno parte de uma crítica aos projetos filosóficos de sua época representados principalmente pela fenomenologia e pela ontologia fundamental do Ser heideggeriana, visando alcançar o que chamará de história natural. Para Adorno, no que tange às questões referentes ao tempo, tais projetos filosóficos caracterizar-se-iam por promoverem, em suas reflexões, um esvaziamento do aspecto qualitativo da história.[5] Adorno se apoiará nas reflexões de Lukács e de Benjamin para sustentar que

> Já não se trata mais de conceber *toto coelo* o fato da história em geral, sob a categoria da historicidade, como um fato natural e sim de retransformar, em sentido inverso, a disponibilidade dos acontecimentos intra-históricos em uma disposição de acontecimentos naturais. Não é procurar um ser puro subjacente ao ser histórico ou que se encontraria nele, e sim compreender o próprio ser histórico como ontológico, isto é, como ser natural. Transformar assim, em sentido inverso, a história concreta em natureza dialética é a tarefa da ontológica mudança de orientação da filosofia da história: a ideia de história natural. (1996, p.361)

Na parte final desse ensaio, Adorno sublinhará a importância do conceito de *segunda natureza*, como este aparece na *Teoria do romance*, e de *alegoria* em *A origem do drama barroco alemão* de Benjamin para a sua formulação da noção de história natural. Em relação ao primeiro desses conceitos, Adorno afirmará que

---

5 Não nos deteremos aqui nessas críticas. Contudo, até certo ponto, a análise efetuada no capítulo anterior acerca do fenômeno da destemporalização do tempo musical pode ser tomada também como constituindo o foco das mesmas. Também em relação a tais projetos filosóficos Adorno apontará que a ontologização do tempo decorreria de uma hipóstase do processo de subjetivação frente à materialidade histórica. Assim como vimos em relação à música, em cujo âmbito a dissolução das convenções pela orientação teleológica do princípio técnico da variação em desenvolvimento acabaria por eliminar toda e qualquer noção de não-identidade ao longo do processo de constituição da forma, ao pensar a história tais projetos filosóficos visariam dissolver toda e qualquer materialidade própria dos "eventos" históricos como mera contingência no interior de um fluxo subjetivo contínuo. Em relação à semelhança da crítica dispensada por Adorno aos "projetos ontológicos" no campo da filosofia e da música cf. Adorno, 2002c, p.135-61.

O DODECAFONISMO TARDIO DE ADORNO 57

Lukács apresenta uma ideia geral histórico-filosófica, a de um mundo pleno de sentido e um mundo vazio de sentido (mundo imediato e mundo alienado, mundo da mercadoria) e tenta representar esse mundo alienado. Esse mundo, como mundo das coisas criadas pelos homens e danificadas por eles, denomina ele mundo da convenção. (1996, p.362)

O primeiro desses mundos para Lukács assim como o fora para Hegel nos *Cursos de estética*, o mundo pleno de sentido, corresponde ao mundo grego, que constituiria um plano no qual, segundo Lukács, o eu e o mundo não se distinguem nitidamente. Nesse mundo,

> Todo ato da alma torna-se, pois, significativo e integrado nessa duali-
> dade: perfeito no sentido e perfeito para os sentidos; integrado, porque a
> alma repousa em si durante a ação; integrado, porque seu ato desprende-se
> dela e, tornado si mesmo, encontra um centro próprio e traça a seu redor
> uma circunferência fechada. (Lukács, 2003, p.25)

Ou seja, é desse mundo que será deduzido o conceito de símbolo na base de todo conceito classicista de obra. Já o segundo dos mundos apresentados por Lukács em *Teoria do romance*, isto é, o mundo aliena-do ou da convenção, é o mundo moderno em cuja sociedade capitalista burguesa emerge o romance, essa forma que, como escreve Lukács, "como nenhuma outra, é uma expressão do desabrigo transcenden-tal" (2003, p.38). Em uma passagem da *Teoria do romance* citada por Adorno em seu ensaio, Lukács contraporá o mundo imediato à noção de *primeira natureza* e o mundo alienado àquela de *segunda natureza*. Porém, como o próprio Adorno observa, essa primeira natureza é igualmente considerada alienada por Lukács na medida em que este a entende como a natureza no sentido dado ao termo pela ciência da natureza, na qual a mesma consiste também em um universo da ne-cessidade alheia de sentido. Na sequência de seu argumento, Adorno então afirmará:

> Essa realidade do mundo da convenção, como é produzida histori-
> camente, das coisas que se tornam estranhas, que não podemos decifrar,
> mas que topamos como cifras, é o ponto de partida da problemática que

eu apresento aqui. O problema da história da natureza, visto a partir da filosofia da história, se coloca, antes de tudo, com a questão de como é possível esclarecer, conhecer este mundo alienado, coisificado, morto. (1996, p.362)

Como já aludido acima, esse será também o problema a partir do qual emergirão as obras tardias para Adorno. Como vimos, o que Adorno descreve como dessensibilização do material é justamente o esvaziamento do conteúdo histórico do material musical, esvaziamento que fará com que esse conteúdo passe a se apresentar carente de sentido, alienado do sujeito e, em última análise, como natureza, seja esta no sentido dado ao termo pelas ciências da natureza, seja no sentido lukácsiano de segunda natureza. Nesse sentido, a passagem a seguir da *Teoria do romance*, citada por Adorno em seu ensaio, norteará também a definição do problema a ser encarado no âmbito das obras tardias:

> A segunda natureza das estruturas do homem não possui nenhuma substancialidade lírica: suas formas são por demais rígidas para se ajustarem ao instante criador de símbolos; o conteúdo sedimentado de suas leis é por demais determinado para jamais poder abandonar os elementos que, na lírica, têm de se tornar motivos ensaísticos; tais elementos, contudo, vivem tão exclusivamente à mercê das leis, são a tal ponto desprovidos de qualquer valência sensível de existência independente de tais leis que, sem estas, é inevitável que eles sucumbam ao nada. Essa natureza não é muda, manifesta e alheia aos sentidos como a primeira: é um complexo de sentido petrificado que se tornou estranho, já de todo incapaz de despertar a interioridade; é um ossuário de interioridades putrefatas, e por isso só seria reanimada – se tal fosse possível – pelo ato metafísico de uma ressurreição do anímico que ela, em sua existência anterior ou de dever-ser, criou ou preservou, mas jamais seria reavivada por uma outra interioridade. (Lukács, 2003, p.63-4)

Como veremos a seguir, reanimar a parcela de espírito que permanece bloqueada no interior das convenções e do material em geral será o que determinará o caráter crítico das obras tardias para Adorno. Por ora, sigamos a interpretação dada por Adorno a esse trecho:

O DODECAFONISMO TARDIO DE ADORNO **59**

O problema desse despertar, que aqui se sustenta como possibilidade metafísica, é o problema que constitui o que ora se entende por história natural. O que Lukács contempla é a transformação do histórico, enquanto o "passado", em natureza, a história paralisada é natureza, ou o vivente paralisado da natureza é um mero ter-sido histórico. Em seu discurso sobre o ossuário se encontra o momento da cifra; que tudo isso significa algo que, entretanto, ainda se deve extrair dali. Lukács não pode pensar esse ossuário a não ser sob a categoria da ressurreição teológica, sob o horizonte escatológico. A mudança decisiva frente ao problema da história da natureza, que Walter Benjamin anteviu, foi ter trazido a ressurreição da segunda natureza da distância infinita para a proximidade infinita, fazendo-a objeto da interpretação filosófica. (1996, 363-4)

A teoria da alegoria desenvolvida por Walter Benjamin em relação ao drama barroco alemão será útil para a formulação adorniana de uma história natural na medida em que apresentará a contrapartida simétrica à reflexão efetuada por Lukács na *Teoria do romance*: "Se Lukács faz com que o histórico, enquanto o ter-sido, se volte a transformar em natureza, aqui [em Benjamin] se dá o outro lado do fenômeno: a mesma natureza apresenta-se como natureza transitória, como história" (idem, p.364). Será pela seguinte passagem de *O drama barroco alemão*, citada em *A ideia de história natural*, que Adorno tratará de pensar a contrapartida ao conceito lukácsiano de segunda natureza por meio do conceito benjaminiano de alegoria:

A amplitude mundana, histórica, atribuída por Görrer e Creuzer à intenção alegórica é de natureza dialética enquanto história natural, enquanto pré-história da significação ou da intenção.[6] A relação entre símbolo e alegoria pode ser fixada de modo marcante e sentencioso sob a categoria decisiva do tempo que esses pensadores, numa grande intuição interpretativa romântica, introduziram nesse campo da semiótica. Enquanto, no símbolo, com a idealização do ocaso, o rosto transfigurado da natureza se revela de modo fugaz à luz da Salvação, na alegoria, a *facies hippocratica* da história se apresenta aos olhos do contemplador como uma

---

6 Esse primeiro período não é citado por Adorno em seu ensaio.

paisagem arcaica petrificada. A história, com tudo o que desde o início ela tem de extemporâneo, sofrido, malogrado, se exprime num rosto – não, numa caveira. E como lhe falta toda liberdade "simbólica" de expressão, toda harmonia clássica da forma, tudo o que é humano – essa figura, de todas, a mais sujeita à natureza, expressa não apenas a natureza da existência humana em geral, mas a historicidade biográfica do indivíduo, de modo altamente significativo sob a forma de um enigma. O cerne da visão alegórica, da exposição barroca, mundana da história enquanto história dos sofrimentos do mundo é este: ela é significativa apenas nas etapas de sua decadência. Tanta significação, tanta sujeição à morte, porque é a morte que cava mais profundamente a linha dentada de demarcação entre corpo e significação. (Benjamin, 1986, p.22)

O comentário de Adorno a essa passagem em *A ideia de história natural* é o que se segue:

O que pode significar aqui o discurso da transitoriedade e o que quer dizer proto-história do significado? Não posso desenvolver esses conceitos à maneira tradicional, um separado do outro. Aquilo de que se trata aqui provém de uma forma lógica radicalmente diferente da daquela do desenvolvimento de um "projeto" que serve de base constitutiva para elementos de uma estrutura de conceitos gerais. Não é o momento de se analisar essa outra estrutura lógica, a constelação. Não se trata de um saber, da ideia de transitoriedade, da de significado, da ideia de natureza e da ideia de história, às quais não se recorre como "invariantes". Buscá-las não é a finalidade da questão, e sim que se reúnem em torno da facticidade histórica concreta, a qual, na conexão desses momentos, se manifesta na sua irrepetibilidade. Como se relacionam aqui esses momentos entre si? A natureza enquanto criação é concebida por Benjamin como marcada pelo sinal da transitoriedade. A natureza mesma é transitória. Dessa maneira, tem em si mesma o momento da história. Sempre que aparece historicamente, o histórico remete ao natural, que nele passa. Ao contrário, sempre que aparece como "segunda natureza", esse mundo da convenção, que chega até nós, se decifra pelo fato de sua transitoriedade tornar-se clara como significado. (1996, p.364-5)

Segundo a interpretação de Adorno, a forma lógica da constelação é o princípio sintético-construtivo a partir do qual a alegoria se estabelece

O DODECAFONISMO TARDIO DE ADORNO **61**

como expressão do entrelaçamento entre história e natureza. Como vimos no capítulo anterior em relação à música, a lógica simbólica propiciava uma representação da história como processo contínuo de evolução. Já aqui, no que toca ao modo de expressão alegórico, "a história se configura não como processo de uma vida eterna, mas de uma decadência inevitável. [...] As alegorias são, no reino dos pensamentos, o que são as ruínas no reino das coisas" (Benjamin, 1986, p.31). É na medida em que a história aparecerá como "decadência inevitável" no âmbito do drama barroco alemão que surge a formulação crucial de Benjamin para Adorno: "A expressão alegórica nasce de um imbricamento singular de natureza e história" (idem, p.23). Para Adorno, ao contrário da forma lógica habitual, que visaria fixar os conceitos de natureza e história um a um pelo "desenvolvimento de um 'projeto'" que proporcionaria a dedução de outros conceitos a partir desses, a constelação consistiria em um procedimento de montagem conceitual em torno da "facticidade histórica concreta", montagem que visaria à expressão da realidade alienada enquanto tal, à expressão do mundo da convenção. Décadas depois de *A ideia de história natural*, na *Dialética negativa*, ao buscar expor sua concepção de uma filosofia capaz de subverter a epistemologia corrente amparada na hipóstase do processo de definição conceitual assentado no princípio de identidade, Adorno refletirá acerca da sugestão de Max Weber de que os conceitos sociológicos deveriam ser constituídos via procedimento compositivo, novamente por meio dessa interpretação da noção benjaminiana de constelação:

> As definições não são esse um e todo do conhecimento como os considera o cientificismo vulgar, nem tampouco se pode eliminá-las. Um pensamento que em seu processo não dominasse a definição, que não pudesse por momentos fazer surgir a coisa com concisão linguística seria certamente tão estéril como um saturado de definições verbais. Mais essencial sem dúvida é aquilo para o que Weber emprega o termo "compor", que para o cientificismo ortodoxo seria inaceitável. Com certeza, ao fazê-lo meramente tem em vista o lado subjetivo, o procedimento do conhecimento. Mas com as composições em questão poderia suceder algo parecido ao que sucede com seu análogo, as musicais. Subjetivamente produzidas, estas só são alcançadas ali aonde a produção subjetiva desaparece nelas. O

contexto que esta cria – precisamente a "constelação" – se faz legível como signo da objetividade: do conteúdo espiritual. O semelhante à escritura de tais constelações é a conversão em objetividade, graças à linguagem, do subjetivamente pensado e juntado. (Adorno, 2005, p.159)

No âmbito da composição musical, será nas obras tardias que Adorno verá em ação um procedimento sintético que remeterá também às noções de constelação e de alegoria. Como já pudemos notar na passagem citada acima, retirada de *A origem do drama barroco alemão*, Benjamin contrapõe ao conceito clássico de símbolo (conceito que de certa forma era o que estava na base da concepção hegeliana da arte até a dissolução da forma de arte romântica) o de alegoria. Nesse estudo, Benjamin situa a alegoria como o modo de expressão típico do drama barroco alemão. Ao contrário da ubiquidade do símbolo, que está atrelado a um regime tautológico de autorreferência (como vimos na análise de Adorno acerca da imbricação entre os processos de racionalização amparados no princípio de identidade/identificação e a atemporalidade própria aos mitos), a lógica alegórica em ação no drama barroco alemão ditaria que "cada personagem, cada coisa, cada relação pode significar uma outra qualquer *ad libitum.*" (Benjamin, 1986, p.29). Ao mesmo tempo elevação e desvalorização dos "suportes da significação", a multivocidade própria à alegoria é apreciada por Benjamin pela dialética entre expressão e convenção: "A alegoria do século XVII não é convenção da expressão, mas expressão da convenção" (idem, ibidem). Será justamente esse modo de expressão alegórico que Adorno verá em ação nas obras tardias ao afirmar que "o relacionamento entre convenções e subjetividade deve ser entendido como a lei formal a partir da qual o conteúdo das obras tardias aflora" (Adorno, 1998, p.125).[7]

---

7 Segundo Peter Bürger em *A teoria da vanguarda*, o conceito de alegoria em Benjamin pode ser decomposto esquematicamente da seguinte forma: "1. O alegórico arranca um elemento à totalidade do contexto social, isola-o, despoja-o da sua função. A alegoria, portanto, é essencialmente um fragmento, em contraste com o símbolo orgânico. [...] 2. O alegórico cria sentido ao reunir esses fragmentos de realidade isolados. Trata-se de um sentido dado, que não resulta do contexto

O DODECAFONISMO TARDIO DE ADORNO **63**

Como no *Trauerspiel* analisado por Benjamin, Adorno afirmará que "a lei formal" das obras tardias manifestar-se-á como uma reflexão sobre a morte. Porém, não se trata da morte do próprio compositor, como gostariam as habituais interpretações psicológicas dessas obras. Como vimos acima, trata-se da morte como transitoriedade, a morte como a expressão alegórica da história natural. Por isso a observação de Adorno em relação à morte nas obras tardias: "Ela [a morte] é imposta às criaturas somente e não às suas construções e assim sempre apareceu na arte de forma refratada: como alegoria" (idem, ibidem). Ao serem liberadas frente a suas antigas funções no interior da totalidade estética, as convenções passam a adquirir um caráter enigmático, cifrado. Daí a passagem para o universo da alegoria:

Desse modo, no Beethoven tardio, as convenções tornam-se expressão no retrato nu de si mesmas. Isso é assistido pela frequentemente notada abreviação de seu estilo, que visa não tanto purificar a linguagem musical de suas frases vazias como liberar essas frases da ilusão do controle subjetivo: a frase emancipada, libertada do fluxo dinâmico, fala por si própria. Ela o faz, contudo, apenas no momento quando a subjetividade, evadindo-se, passa por ela e bruscamente a ilumina com suas intenções. Daí os *crescendi* e *diminuendi* que, aparentemente independentes da construção musical, frequentemente sacodem essa construção até suas bases no estilo tardio de Beethoven. (idem, p.126)

Em relação às últimas composições de Beethoven, por exemplo, ao serem liberados da tirania do sujeito, os próprios materiais aparecerão como carecendo de vida, pelo menos daquela aparência de vida que dependia em última análise do sujeito encarado como instância doadora de sentido, já que "originalmente, na música de Beethoven, o efeito da subjetividade, completamente na mesma linha da con-

---

original dos fragmentos. 3. Benjamin interpreta a função do alegórico como expressão de melancolia. [...] O trato do alegórico com as coisas supõe um intercâmbio prolongado de simpatia e fastio [...] 4. Benjamin também alude ao plano da recepção. A alegoria, cuja essência é o fragmento, representa a história como decadência" (1993, p.118).

64 IGOR BAGGIO

cepção de Kant, não consistia tanto em desintegrar a forma quanto em produzi-la" (idem, p.124). Isto é, as obras das primeiras fases de Beethoven adequar-se-iam muito melhor à rubrica "expressão" do que suas últimas obras. Isso porque naquelas o sujeito "transcendental" beethoveniano levaria a cabo a construção de suas formas partindo praticamente do nada, simplesmente pela contraposição e busca pela síntese dialética entre "tema" e "continuação", afirmando-se assim como subjetividade autônoma em relação aos materiais (convenções), incorporando-os e (re)formando-os:

> Pois não tolerar nenhuma convenção, e reformar aquelas que são inevitáveis mantendo o desejo de expressão é a primeira demanda de qualquer procedimento "subjetivista". Dessa forma, o Beethoven da fase média absorveu as tradicionais decorações no interior de sua dinâmica subjetiva formando vozes subsidiárias latentes, pelo ritmo, tensão ou através de outros meios, transformando-os na medida em que mantinha suas intenções. Ou – como no primeiro movimento da *Quinta Sinfonia* – ele até os desenvolveu a partir da substância temática propriamente dita, arrancando-as do convencionalismo pela singularidade daquela substância. Bastante diferente no último Beethoven. Em todo lugar em seu idioma, mesmo onde ele usa uma sintaxe tão singular quanto aquela das cinco últimas sonatas para piano, fórmulas convencionais e indicações de fraseado são inseridas. Elas são cheias de trilos decorativos, cadências e fiorituras. A convenção é frequentemente tornada visível com uma nudez explícita e literal. (idem, ibidem)[8]

---

8 Ainda segundo Bürger, "uma comparação das obras de arte orgânicas com as inorgânicas (vanguardistas), do ponto de vista da estética da produção, encontra uma ferramenta essencial naquilo a que chamamos montagem, onde coincidem os dois primeiros elementos do conceito de alegoria de Benjamin [ver nota 7 do capítulo anterior]. O artista que produz uma obra orgânica (passaremos a chamar--lhe classicista, sem pretender dar com isso um conceito da arte clássica) maneja o material como se fosse algo de vivo, respeitando o seu significado conforme a forma que tomou em cada situação concreta da vida. Para o vanguardista, pelo contrário, o material nada mais é que isso: material. A sua actividade [sic] principal consiste apenas em acabar com a "vida" dos materiais, arrancando-os ao contexto onde realizam a sua função e recebem o seu significado. O classicista vê no material o portador de um significado e aprecia-o por isso, mas o vanguardista só vê nele

Ou seja, Adorno visará mostrar como as obras tardias se afastam de um paradigma subjetivista. Em seu texto sobre o estilo tardio de Beethoven é denunciado o erro em que consiste tomar as obras tardias como exemplos de uma expressão subjetiva desenfreada: "a lei formal das obras tardias é tal que elas não podem ser subsumidas sob a rubrica 'expressão'. O último Beethoven produziu algumas composições extremamente 'sem expressão' e desapaixonadas" (idem, ibidem). Nas obras tardias, Adorno considerará que o sujeito musical rompe com seu regime de imanência no interior das obras, deixando aí um espaço vago:

A força da subjetividade nas obras tardias é o gesto irascível com o qual as deixa. Ela as explode em partes, não visando expressar-se, mas, inexpressivamente, rejeitando a ilusão da arte. Das obras ela deixa apenas fragmentos para trás, comunicando-se, como que por meio de cifras, apenas pelos espaços pelos quais violentamente vagou. (idem, p.125)

O caráter não expressivo aqui é índice de uma figura modificada do sujeito musical, uma figura de um sujeito que ao não mais impor aos materiais um regime de identidade para consigo passa a ser expressivo via negação, enquanto os materiais passam a se apresentar como algo não idêntico ao sujeito. Daí a noção de que as convenções possam expressar-se enquanto tais, alienadas:

À medida que a subjetividade deixa as obras, estas são fendidas. Como lascas desamparadas e abandonadas, elas mesmas finalmente tornam-se expressão; expressão não mais do ego isolado, mas da natureza mítica da criatura e sua queda, cujos estágios as obras tardias marcam simbolicamente, como que em momentos de pausa. (idem, ibidem)

Mas há que se ter cautela na interpretação desse ponto da reflexão de Adorno. A esse respeito, segundo Subotnik:

Adorno não está sugerindo, contudo, que o sujeito desapareceu sem

um sinal vazio, pois é o único com direito a atribuir significados. Deste modo, o classicista maneja o seu material como uma totalidade, enquanto o vanguardista separa o seu da totalidade da vida, isolando-o e fragmentando-o" (1993, p.119).

deixar rastros no estilo tardio de Beethoven. A história, na perspectiva dialética, é irreversível, e com o estilo do segundo período de Beethoven, a consciência do sujeito entrara irreversivelmente dentro da história da música. Depois disso, a própria ausência do sujeito de uma configuração musical constitui necessariamente um componente integral daquela configuração. (1976, p.256)

Em outras palavras, o sujeito está e não está presente nas obras tardias e, aparentemente, é esse gesto intermitente o que constituirá o caráter autorreflexivo dessas obras para Adorno. Na *Filosofia da nova música*, Adorno descreverá em relação às últimas composições de Schoenberg o gesto com que o sujeito musical abandona as pretensões classicistas de totalidade em relação à forma mencionando a capacidade de autodeterminação do compositor austríaco frente à dialética histórica do material, capacidade que é entendida por Adorno como a "força de esquecer" que Schoenberg teria demonstrado possuir ao longo de toda a sua vida:

> No esquecimento, a subjetividade transcende incomensuravelmente a coerência e exatidão da imagem, que consiste na recordação onipresente de si mesmo. A força do esquecimento foi conservada por Schoenberg até sua última fase. Este renega essa fidelidade, por ele fundada, à onipotência do material. Rompe com a evidência diretamente presente e conclusa da imagem que a estética clássica havia designado com o nome de simbólica e a que, na realidade, nunca correspondeu um compasso próprio. Como artista, Schoenberg reconquista para os homens, através da arte, a liberdade. O compositor dialético impõe um basta à dialética. (Adorno, 2007, p.100)

Adorno encara as obras tardias como críticas em relação a um sujeito estético concebido em termos semelhantes ao sujeito transcendental kantiano, isto é, como um sujeito concebido como doador de sentido e forma pelo aplainamento de contradições carregadas pelo material e também como críticas em relação a um sujeito estético cuja relação dialética com o material estaria unicamente fundada na onipotência do

O DODECAFONISMO TARDIO DE ADORNO **67**

princípio de identidade, que visaria como télos a integração absoluta do segundo pelo primeiro. Ao romperem com esses modelos de subjetividade, tais obras serão aquelas que mais perto chegarão, segundo Adorno, de configurarem-se enquanto modo de cognição crítico.

Crítica à aparência e lógica dos fragmentos

A exposição da fragmentação do material e a consequente desintegração da forma, características do modo de expressão alegórico, desembocam em uma crítica ao caráter de aparência de totalidade ostentado pela obra de arte guiada pelo ideal classicista. A respeito da poesia contemporânea e do drama barroco alemão, Benjamin assinalava algo que será determinante para o que Adorno tem em mente em relação à crítica à aparência nas obras tardias:

> O poeta não pode esconder sua atividade combinatória e muito menos a mera totalidade, uma vez que sua construção manifesta era o centro de todos os efeitos intencionados. Daí a ostentação da feitura que, sobretudo em Calderón, irrompe em primeiro plano, como os tijolos de uma parede de um edifício cujo reboque rachou. (Benjamin, 1986, p.32)

Tal escancaramento da feitura, portanto, será o que Adorno apontará como a falta de aparência das obras tardias:

> A maturidade das obras tardias de artistas importantes não se parece com a madureza da fruta. Como uma regra, essas obras não são bem arredondadas, mas enrugadas, mesmo fissuradas. Elas são aptas a não terem doçura, afastando para longe com seu espinhoso amargor aqueles interessados meramente em prová-las. Elas carecem de toda aquela harmonia que a estética classicista está acostumada a exigir da obra de arte, mostrando mais traços de história do que de crescimento. (1998, p.123)

História aqui, mais uma vez, como aquela decadência inevitável, como o princípio da transitoriedade que deixa para trás unicamente ruínas e fragmentos. Se as obras guiadas pelo ideal simbólico apresentavam

68 IGOR BAGGIO

a história do ponto de vista do sujeito, as obras alegóricas a apresentam do ponto de vista do objeto, o sujeito apresentando-se nas obras tardias como o alegorista melancólico no drama barroco alemão:

> Quando, sob o olhar da melancolia, o objeto se torna alegórico, quando ela lhe retira a vida, ele permanece morto, mas salvo na eternidade; assim se apresenta o objeto, entregue aos caprichos do alegorista. Quer dizer: de agora em diante é totalmente incapaz de irradiar uma significação, um sentido; tem o significado que o alegorista lhe dá. (Benjamin, 1986, p.36).[9]

Em outro trecho, Benjamin dirá o seguinte: "O luto é o estado de espírito em que o sentimento reanima o mundo vazio sob a forma de uma máscara, para obter da visão desse mundo uma satisfação enigmática" (Benjamin, 1984, p.162). Na *Teoria estética*, Adorno ecoa essa reflexão afirmando: "Tendo perdido a sua função, as convenções funcionam como máscaras" (Adorno, s. d., p.230).

A reflexão de Dahlhaus sobre o estilo tardio de Beethoven em *Música do século XIX* dá um sentido técnico-musical mais claro a esse ponto crucial também da concepção adorniana das obras tardias. Segundo o musicólogo alemão:

> O que distingue o estilo tardio, contudo, é que o real procedimento formal é removido do domínio de temas claros e desenvolvimentos diretos para um âmbito subtemático. Aqui as conexões cruzam a forma inteira em vez de serem apresentadas ostentosas em uma grandiosa varredura de lógica rigorosa e consistente, como nos períodos médios. [...] Podemos ver essa dicotomia na contradição existente entre os exteriores quebrados

---

9 Em uma palestra intitulada *Walter Benjamin e os sistemas de escritura*, Márcio Seligmann-Silva mostra que em um texto de 1916, antes de estabelecer a linguagem do *Trauerspiel* como *imagem escritural* em *A origem do drama barroco*, em um pequeno texto intitulado *O significado da linguagem no Trauerspiel e na tragédia*, Benjamin a havia aproximado do som e da música. Nesse texto, Benjamin afirma que o *Trauerspiel* "descreve o percurso do som natural (*Naturlaut*), pelo lamento (*Klage*) até a música. [...] no final das contas tudo gira em torno da audição do lamento, pois apenas o lamento profundamente sentido e ouvido torna-se música" (Benjamin 1974a apud Seligmann-Silva, 2005, p.125).

O DODECAFONISMO TARDIO DE ADORNO   69

e fissurados dessas obras e suas firmemente tricotadas estruturas internas. [...] A estrutura temática é uma mera fachada: a verdadeira ideia musical, em vez de ser apresentada à vista como um claramente definido tema, retrai-se para o interior da música, meio invisível, como um subtema. Isso reduz a importância da estrutura temática para o processo formal, indiferentemente de se a aparência da forma-sonata permanece intacta. O caráter expressivo dos temas é mantido, até certo ponto, à distância, como que por garantia. Expressão e construção mutuamente interagem, e uma vez que a estrutura temática torna-se meramente um fenômeno de superfície – mesmo que aparentemente ela satisfaça as regras do *design* formal – a expressão começa a adquirir uma aura como de uma máscara. (1989, p.84)

Essa parece ser a ideia central por trás da interpretação de Adorno a respeito das obras tardias, principalmente as de Beethoven e Schoenberg. Sobre o caráter de máscara tomado pela convenção "tema", desfuncionalizada e alegorizada nas últimas composições de Schoenberg, Adorno afirmará na *Filosofia da nova música*:

Dos "temas" das últimas composições tonais de Schoenberg, que eram também as últimas a admitir o conceito de "tema", é tomado o trejeito destes temas, separado, contudo, de seus supostos materiais. A esse tipo de trejeito ou gesticulação, designado com indicações dinâmicas como *enérgico, impetuoso, amabile*, esses temas agregam alegoricamente o que lhes está negado realizar na estrutura sonora: o impulso e o fim, a imagem da liberação total. O paradoxal deste procedimento apoia-se no fato de que a imagem do novo se transforma em antigos efeitos realizados com meios novos e o férreo aparato da técnica dodecafônica tende ao que uma vez se estabeleceu livremente, mas também com necessidade, sobre a base das ruínas da tonalidade. (2007, p.85).[10]

Adorno salientará que com esse procedimento alegórico Schoenberg consegue recuperar, até certo ponto, o caráter dinâmico das peças

---

10 Conforme a afirmação de Benjamin em relação ao procedimento alegórico no *Trauerspiel*: "Mortificação das obras: não portanto – romanticamente – o despertar da consciência nas obras vivas, [como elucubrava Lukács] mas a implantação do conhecimento nas obras mortas" (1986, p.34).

70 IGOR BAGGIO

tonais do início de sua carreira. No entanto, mesmo que a tendência à alegoria recupere para as obras tardias um caráter dinâmico, este não mais se apresentará como uma dinâmica de caráter teleológico. A dinâmica própria à dialética entre o sujeito musical e o material nas obras tardias é mais bem caracterizada no final do ensaio de Adorno sobre o estilo tardio de Beethoven, no qual podemos ler o seguinte:

> Suas obras tardias ainda permanecem um processo, contudo não como um desenvolvimento; o processo aqui é uma ignição entre extremos que não tolera mais um significado seguro ou uma harmonia espontânea. Extremos no mais estrito sentido técnico: de um lado, o uníssono das frases vazias não dotadas de significado; de outro, polifonia, surgindo não-mediada acima daquele uníssono. É a subjetividade que força a junção dos extremos para dentro do momento, carregando a comprimida polifonia com suas tensões, desintegrando e evadindo-se no uníssono, deixando para trás a nota nua. A frase vazia é colocada em seu lugar como um monumento para aquilo que ela fora – um monumento no qual a subjetividade é petrificada. As cesuras, contudo, as abruptas paradas que caracterizam o Beethoven mais tardio mais do qualquer outra característica, são esses momentos de liberação; a obra silencia ao ficar deserta virando sua concavidade para fora. Apenas então o próximo fragmento é adicionado, ordenado em seu lugar pela subjetividade que evade conspirando para melhor ou para pior com aquilo que aconteceu anteriormente; pois um segredo é compartilhado entre eles e só pode ser exorcizado pela figura que eles formam juntos. Isso ilumina a contradição por meio da qual o Beethoven mais tardio é chamado tanto subjetivo quanto objetivo. A paisagem fragmentada é objetiva, enquanto a luz na qual sozinha ela brilha é subjetiva. Ele não produz a síntese harmoniosa das duas. Como uma força dissociativa ele as separa no tempo, talvez visando preservá-las para a eternidade. Na história da arte, as obras tardias são as catástrofes. (1998, p.126)

Novamente a influência de Benjamin se mostra clara. A "figura" formada pela ignição entre os extremos remete diretamente às noções benjaminianas associadas entre si de "imagem dialética", de "dialética em suspensão" e de "constelação". Foi observado anteriormente que o regime de descontinuidade entre sujeito e objeto próprio da alegoria implicava, para Benjamin, uma expressão da história como ruína no

O DODECAFONISMO TARDIO DE ADORNO 71

âmbito do drama barroco alemão. Na passagem acima, a "figura" ou a "imagem", proveniente da disposição em constelação dos extremos, resulta em uma contradição não resolvida entre sujeito e objeto que torna possível a visibilidade da paisagem fragmentada da objetividade que aparece iluminada pela ação do sujeito. É uma ação que se caracteriza pela sua negatividade, isto é, pelo gesto de evasão com que deixa de estar presente como a instância doadora de forma no interior das obras. Adorno alude à afinidade eletiva, mimética entre os fragmentos que entram em constelação, quando se refere ao "segredo" compartilhado entre eles. Ou seja, o tipo de concatenação entre os fragmentos não é de ordem subjetiva e sim de ordem objetiva. A lógica de sua disposição aqui não é a da identidade entre sujeito e material e sim a da não identidade, uma lógica imanente aos próprios fragmentos.

Retornando ao contexto de produção das últimas composições de Schoenberg, para Adorno, em sua última fase o compositor enfatizaria drasticamente a separação existente entre o ato de dispor o material musical por meio da série do ato e do fluxo imanente da composição. Se aquilo que Adorno chamara de dodecafonismo positivo será denunciado, em última análise, como fetichismo da série em Webern, mas também em relação a algumas obras da terceira fase de Schoenberg – procedimento que gostaria de fazer coincidir disposição do material e forma musical –, será a separação entre disposição do material e forma musical o que caracterizará a noção de dodecafonismo negativo para Adorno. Nesse dodecafonismo a série assumirá o papel reservado às convenções estilísticas pelo último Beethoven: "Na última fase de Beethoven as vazias convenções, através das quais passa a corrente da composição, têm precisamente a função que o sistema dodecafônico desempenha na última fase de Schoenberg" (Adorno, 2007, p.97-8). Ora, as convenções no último Beethoven não possuíam funções determinadas, antes recebendo seu aspecto cifrado justamente desse fato. O compositor-alegorista dispunha delas com inteira liberdade. Dessa comparação resultaria então que a série nas últimas composições de Schoenberg seria mantida, contudo já não possuindo mais a função que dela era esperada anteriormente, isto é, servir como condição de possibilidade à grande forma.

72 IGOR BAGGIO

Ainda que o choque tenha um papel no universo da alegoria,[11] o tipo de mediação entre extremos à qual Adorno remonta o caráter dinâmico das obras tardias não se refere simplesmente ao princípio do contraste que caracterizava as peças expressionistas guiadas pela livre atonalidade, por exemplo. A dinâmica própria do princípio sintético da constelação depende antes do caráter dinâmico inerente aos caracteres formais como tema e continuação que passam a ser compostos tendo em vista tipos ou modelos ideais de temas ou continuações.[12] A partir da ênfase na separação entre a disposição do material e o ato de composição surge a possibilidade de pensar tais categorias separada ou independentemente de um processo de constituição da grande forma baseado em uma lógica dedutiva. Em relação ainda aos temas do último Schoenberg, Adorno afirma que

> Com efeito, é evidente que os "caracteres" específicos dos temas nascidos deste modo, caracteres radicalmente diferentes do caráter da temática dodecafônica dos inícios, que era intencionalmente genérico e quase indiferente, não derivaram autonomamente da técnica dodecafônica, mas antes lhe foram impostos quase por sua clarividência crítica pela vontade implacável dos compositores. (idem, p.84)

A maestria de Schoenberg em relação a esse procedimento seria de tal modo segura de si que Adorno chega mesmo a afirmar que os temas, continuações e outras categorias compostas dessa maneira pelo compositor austríaco acabam, em alguns casos, por eliminar o caráter de máscara próprio das convenções que se encontram fora de

---

11 Conforme a colocação de Benjamin em seu estudo sobre o *Trauerspiel*: "As alegorias envelhecem porque o choque faz parte de sua essência" (1986, p.36).

12 "Pois a visão acabada desse novo era: a ruína. A técnica que, nos detalhes, se refere ostensivamente aos elementos reais, a flores retóricas, a regras, visa à dominação exaltada dos elementos antigos com uma construção que, sem unificá-los num todo, seria superior às antigas harmonias, mesmo na destruição. Ars inveniendi, assim deve-se chamar a poesia. A ideia do gênio, do mestre da ars inveniendi, foi a de um homem capaz de lidar soberanamente com modelos" (Benjamin, 1986, p.32). Como se sabe, a importância dessa noção de ars inveniendi para Adorno remonta à sua aula inaugural intitulada "A atualidade da filosofia".

O DODECAFONISMO TARDIO DE ADORNO **73**

contexto. Na *Filosofia da nova música*, Adorno cita como exemplo desse fenômeno o *Quarto quarteto* de Schoenberg, a respeito do qual temos o seguinte:

> certos temas secundários, como o que começa no *Quarto quarteto* no compasso 25, e certas passagens como a melodia do segundo violino (compassos 42 e ss.) não se manifestam heterogêneos através de máscaras formais convencionais. Pretendem realmente ser continuações e pontes de transição. (idem, ibidem)

Na medida em que não mais operam como garantia da coerência e da unidade temática, a relação dialética entre tema e continuação, no Beethoven tardio, e a utilização da técnica dodecafônica, no último Schoenberg, passam a ser substituídas por aquela dupla articulação da forma referida por Dahlhaus acima. Nesse contexto, a coerência, a unidade e também a dinâmica temática, aludida por aquela afinidade mimética partilhada entre os diferentes caracteres presentes na superfície da composição, estaria garantida pelo nível subtemático referido por Dahlhaus. No último Beethoven, principalmente em seus últimos quartetos de cordas que são as obras que Dahlhaus tem em mente ao descrever essa dupla articulação temática da forma, tal nível subtemático não chega a aparecer de fato como um tema, um motivo ou uma figura germinal a partir dos quais os temas de superfície derivariam. Na verdade, tal subtema só pode ser abstraído do grau de semelhança ou diferença entre os diversos elementos que formam aquilo que aparece como "tema" junto à textura musical.[13] Já no caso do último Schoen-

---

13 Em A noção de tema e sua evolução, ao refletir sobre a noção de atematismo, Pierre Boulez dirá o seguinte: "Eu não estou tão seguro, então, daquilo que a palavra 'atematismo' recobre exatamente; no entanto, retrospectivamente, posso dizer que tal atematismo consiste em rejeitar uma forma absoluta de tema, visando alcançar uma noção de tema virtual, 1) em que os elementos não são mais fixados no início em uma forma totalmente definida, 2) em que a prioridade não é mais dada sobretudo aos intervalos como fonte do desenvolvimento musical, mas em que os outros elementos, a duração em particular, podem ocupar um papel mais importante ao qual as alturas são subordinadas" (2005, p.223). O primeiro dos tópicos acima pode ser aproximado da noção de "subtema meio invisível" à qual

74   IGOR BAGGIO

berg, a série ocuparia esse *background* temático, enquanto disposição das alturas e dos intervalos, limitando-se a servir como uma paleta sonora a partir da qual emergiriam os temas e demais caracteres formais alegóricos a se utilizarem desse material.[14] No capítulo que segue, tendo em vista o dito até aqui, tentaremos demonstrar como tal concepção do dodecafonismo serial também parece estar na base da produção composicional de Adorno, notavelmente em seus últimos *Lieder*.

Dahlhaus se refere ao discutir o estilo tardio de Beethoven, porém o segundo desses tópicos tende mais a aproximar-se daqueles motivos ou temas exclusivamente rítmicos que, como vimos no capítulo anterior, eram tomados por Adorno como um sintoma da desvalorização sofrida pelo conceito de tema na terceira fase de Schoenberg.

14 "Não se deve entender a técnica dodecafônica como uma 'técnica de composição', como por exemplo a do impressionismo. Todas as tentativas de utilizá-la desta maneira conduzem ao absurdo. Pode-se melhor compará-la com a disposição das cores sobre a paleta do pintor do que com um verdadeiro procedimento pictórico. A ação de compor só começa, na verdade, quando a disposição dos doze sons está pronta" (Adorno, 2007, p.55).

3
ADORNO COMPOSITOR

> *Os compositores de ouvido aguçado, e não*
> *somente aqueles compositores práticos,*
> *já não podem confiar totalmente em sua*
> *própria autonomia.*
> Adorno, *Filosofia da nova música*

O *Lied* como forma

"O compositor Adorno permanece eclipsado, hoje, pela sombra de seu *alter ego* o filósofo" (Tiedemann, 2001, p.1). Essas foram palavras proferidas em 1999 por Rolf Tiedemann, editor dos *Gesammelte Schriften* de Adorno, em uma palestra realizada instantes antes de um recital da pianista Maria Luisa López-Vito no qual foram executadas as composições de Adorno para piano solo junto às homenagens realizadas em Munique por ocasião do terceiro aniversário da morte do filósofo-compositor. Contudo, em sua juventude, antes de optar definitivamente pela filosofia, Adorno dedicou-se prioritariamente à composição musical, fato que podemos depreender de uma leitura de sua correspondência com Alban Berg, com quem Adorno estudara composição por alguns meses ao longo de 1925 em Viena.

Como já aludido no capítulo anterior e pela afirmação de Jorge de Almeida citada ainda na introdução deste livro, é sobretudo no que diz respeito às questões referentes ao dodecafonismo serial que uma análise interpretativa (cujo objetivo é o desvelamento de um possível regime de interdependência entre a reflexão filosófica de Adorno e sua produção composicional) parece estar autorizada. No entanto, ao considerarmos as posições de Adorno frente à técnica dodecafônica na *Filosofia da nova música* tivemos a oportunidade de constatar que tais posições desdobravam-se em um posicionamento crítico em relação às possíveis implicações formais dos princípios seriais.

A cronologia da produção composicional adorniana que se encontra publicada estende-se de 1923 a 1945, anos marcados pelo surgimento das principais composições dodecafônicas seriais no âmbito da Segunda Escola de Viena e, de fato, no âmbito teórico, esse será o período no qual a técnica dodecafônica aparecerá continuamente justificada como consistindo no meio a partir do qual a reconstrução de grandes formas autônomas poderia novamente ser possível. Tendo em vista esse pano de fundo histórico, as composições de Adorno destacam-se principalmente em dois aspectos: todas elas deixam claro o apego do autor pela pequena forma, apego este justificado, no nível técnico, por uma concepção idiossincrática da técnica dodecafônica.

Mesmo mostrando-se à vontade escrevendo para quarteto de cordas e para orquestra em suas primeiras composições, será como compositor de *Lieder* que Adorno se firmará. Na obra composicional de Adorno, o *Lied* tem, enquanto gênero e forma, a mesma proeminência que os gêneros e as formas do ensaio e do fragmento em sua obra filosófica. Será a partir desse gênero, com o qual a subjetividade esteve mais intimamente relacionada ao longo de todo o século XIX e em boa parte do expressionismo musical, que Adorno, ao que parece, visou efetuar sua crítica composicional "à falácia da subjetividade constitutiva" (2005, p.10).

Apesar de não ter escrito nada comparável a *O ensaio como forma*, no que diz respeito a sua concepção do *Lied* enquanto forma, alguns pontos-chave de suas formulações acerca daquilo que chamamos de condição tardia da forma musical na modernidade podem nos auxiliar a compreender de que maneira Adorno concebia a pequena forma no que tange à música. No primeiro capítulo deste livro, foi afirmado o papel determinante que a categoria formal da continuação ocupava na concepção dialética de Adorno das grandes formas, principalmente da forma-sonata. Agora, no que toca à pequena forma, será a categoria da *negação*, ao que tudo indica, o que estará na base da concepção adorniana do *Lied*. Foi com vistas à música de Beethoven, principalmente suas últimas composições, que as interrupções junto ao *continuum* da textura musical foram aproximadas por Adorno do conceito de negação em um processo dialético. Isso ocorre em uma das notas publicadas postumamente como *Beethoven: a filosofia da música*:

> [Em relação a Beethoven] o conceito de negação como aquele que empurra o processo adiante pode ser precisamente compreendido. Ele envolve um deter-se de linhas melódicas antes que elas tenham evoluído em direção a algo completo e terminado, de maneira a impeli-las em direção à próxima figura. (1998, p.19)

Um pouco mais adiante, em outra nota podemos ler que "uma forma – a forma? – da negação em música é a *obstrução*, onde a progressão emperra" (idem, ibidem). Em uma nota ao pé da página Adorno ainda acrescentaria: "Outra forma de negação é a *interrupção*. Descontinuidade = dialética" (idem, ibidem).

Como veremos a seguir, a substituição do procedimento de variação em desenvolvimento – que Adorno encarou em sua interpretação das fases classicistas de Beethoven basicamente como o procedimento contínuo de transição, de mediação e de síntese capaz de estabelecer um regime de identidade entre o particular representado por um motivo, ou por um tema, e o universal representado pela forma global – por cesuras e hiatos será uma constante formal ao longo dos *Lieder* de Adorno. Na verdade, na *Filosofia da nova música* encontramos uma descrição do tipo formal *Lied* na qual o papel da negação musical como concebida acima é fundamental:

> A verdadeira superioridade das "grandes formas" está em que somente elas podem criar o instante em que a música se converte em composição.

78 IGOR BAGGIO

> Esse instante é essencialmente estranho ao *Lied*, porque os *Lieder*, atendo-se à medida mais rigorosa, são formas subordinadas. Permanecem imanentes à sua ideia, enquanto a música construída com as grandes formas adquire vida precisamente anulando-a. Mas esta anulação só se realiza retrospectivamente, mediante o ímpeto da continuação. (2007, p.84)

De acordo com o já analisado no primeiro capítulo deste livro, o momento da anulação do substrato temático por parte da continuação era o que caracterizava a noção de grande forma para Adorno. O momento da continuação possuía uma função tão essencial para as grandes formas que Adorno chegara mesmo a afirmar que o próprio valor delas, assim como dos tipos formais como a forma-sonata, dependeria essencialmente da qualidade e da eficácia da continuação extraída pelos compositores dos elementos temáticos. Já na passagem acima, temos uma descrição do *Lied* como um tipo de composição que na verdade carece do momento da continuação. Ou seja, o *Lied* é tomado aqui como uma espécie de não composição ou de anticomposição, uma composição que não chega a se realizar ao ater-se "à medida mais rigorosa", permanecendo assim imanente à sua ideia. Claro está, pois, que assim como a forma do ensaio, privilegiada por Adorno em sua produção filosófica, o Lied, para o filósofo, aproximava-se da noção de *fragmento*. Na passagem a seguir de *O ensaio como forma*, será justamente em relação à ruptura com exigências de continuidade que Adorno caracterizará o ensaio aproximando-o da concepção primeiro-romântica do fragmento:

> A exigência na continuidade do pensamento tende a prejulgar a coerência do objeto, sua harmonia própria. A exposição continuada estaria em contradição com o caráter antagônico da coisa, enquanto não determinasse a continuidade como sendo, ao mesmo tempo, uma descontinuidade. No ensaio como forma, o que se anuncia de modo inconsciente e distante da teoria é a necessidade de anular, mesmo no procedimento concreto do espírito, as pretensões de completude e de continuidade, já teoricamente superadas. Ao se rebelar esteticamente contra o método mesquinho, cuja única preocupação é não deixar escapar nada, o ensaio obedece a um motivo de crítica epistemológica. A concepção romântica

O DODECAFONISMO TARDIO DE ADORNO **79**

do fragmento como uma composição não consumada, mas sim levada através da autorreflexão até o infinito, defende esse motivo anti-idealista no próprio seio do idealismo. O ensaio também não deve, em seu modo de exposição, agir como se tivesse deduzido o objeto, não deixando nada para ser dito. É inerente à forma do ensaio sua própria relativização: ele precisa se estruturar como se pudesse, a qualquer momento, ser interrompido. O ensaio pensa em fragmentos, uma vez que a própria realidade é fragmentada; ele encontra sua unidade ao buscá-la através dessas fraturas, e não ao aplainar a realidade fraturada. A harmonia uníssona da ordem lógica dissimula a essência antagônica daquilo sobre o que se impõe. A descontinuidade é essencial ao ensaio; seu assunto é sempre um conflito em suspenso. (2003, p.34-5)

Assim como em relação à filosofia, em cujo âmbito o interesse de Adorno pela pequena forma do ensaio decorria da necessidade de superação do princípio de identidade entre sujeito e objeto, próprio às grandes arquiteturas dos sistemas idealistas, em relação não apenas à música, mas também à arte em geral, Adorno afirmará categoricamente na *Filosofia da nova música*: "A obra de arte conclusa em si mesma assume o ponto de vista da identidade entre sujeito e objeto" (2007, p.101), afirmação complementada pela seguinte: "Somente na obra fragmentária que renuncia a si mesma se libera o conteúdo crítico" (idem, ibidem).

No contexto do primeiro romantismo alemão, o *Lied* emergirá como uma reação ao ideal estético representado pela forma-sonata e, nesse sentido, sua gênese está intimamente relacionada ao ideal do fragmento primeiro-romântico, que surge justamente em reação ao ideal de uma filosofia assentada sobre a noção de sistema. Dessa forma, assim como o fragmento caracterizará o movimento primeiro-romântico no âmbito da filosofia, o *Lied* e as pequenas peças para piano solo caracterizarão o mesmo movimento no âmbito da música. Isso foi destacado principalmente por Charles Rosen no epílogo de *O estilo clássico* e em *A geração romântica*. A reação frente à forma-sonata como a origem da concepção formal própria do romantismo da primeira metade do século XIX é algo que se estabelece inequivocamente no dizer de Schumann, utilizado por Rosen como uma das epígrafes do

80   IGOR BAGGIO

primeiro livro citado: "Em termos gerais, é como se a sonata tivesse concluído sua trajetória. Assim é como deve ser, pois não podemos repetir as mesmas formas durante séculos". Tal reação traz como principal consequência a alteração dos pressupostos estruturais clássicos que até então orientavam a composição musical. Nesse sentido, segundo Rosen, "A energia que impulsiona a obra romântica não é já a de uma dissonância polarizada e a de um ritmo articulado, e sim a conhecida sequência barroca, e as estruturas não são mais sintéticas e sim agregativas" (1986, p.518).

É interessante notar aqui que Kerman (1973, p.154) aponta *An die Ferne Geliebte* como uma espécie de antecipação do universo formal do último Beethoven junto à qual, como visto anteriormente, Adorno situara o momento a partir do qual o ideal clássico de uma forma orgânica fundada sobre a relação de identidade entre o todo e as partes recebe sua primeira crítica enfática. Porém, segundo Rosen (1986, p.435), apenas *An die Ferne Geliebte* exerceria algum tipo de influência sobre a nova concepção formal da qual emergiria a primeira geração romântica de compositores. Mesmo assim, para esse autor, tratando-se especificamente do *Lied* romântico alemão, Schubert desponta como o verdadeiro criador do gênero como este acabou por ser conhecido:

> Depois dos inseguros primeiros experimentos, os princípios em que se inspiram a maioria de suas canções são quase inteiramente novos; apenas por contraposição se relacionam com os *Lieder* do passado: deitam por terra tudo o que os precede. Com isso se supera definitivamente a ideia clássica da oposição dramática e sua resolução: o movimento dramático é sensível e indivisível. Nas poucas exceções nas quais existe um forte contraste, a oposição não é a origem da energia: pelo contrário, em 'Die Post', pertencente a *Die Winterreise*, para dar um exemplo, a seção de contraste apenas ocasiona um debilitamento da energia que não equivale a resolver a tensão, mas sim a retê-la até pouco antes do clímax final. A estrutura anticlássica e invariável da canção de Schubert põe em manifesto a singularidade da visão emocional que a inspira. (idem, p.519)

Para Adorno, "a singularidade da visão" que inspira o lirismo de Schubert não será de caráter emocional. Pelo contrário, o foco da interpretação do autor, em seu ensaio sobre o compositor, será justamente contrapor às habituais interpretações emocionalmente carregadas dispensadas a Schubert uma visão aparentemente inusitada. Segundo Adorno,

> Nada poderia distorcer mais o conteúdo de sua música do que querer construir a figura do compositor (porque é verdade que não podemos entendê-la como uma unidade espontânea do indivíduo, a exemplo de Beethoven) como uma personalidade a partir da qual a ideia diretriz, seu centro virtual, ordenaria os traços disparatados. Quanto mais as características da música de Schubert se afastam contrariamente a tal ponto de referência humano, melhor elas se afirmam como sinais de uma intenção que se alcança somente para além dos fragmentos da totalidade enganosa de um homem que gostaria de existir por si mesmo e como espírito auto-determinado. Subtraída a toda sinopse idealista como também à pesquisa fenomenológica sedenta por alguma "unidade de senso", nem sistema fechado, nem flor impulsionada de acordo com um desenho ordenado, a música de Schubert representa a face onde coexistem caracteres de verdade que ela não produz por ela mesma, mas que ela recebe, e que um homem pode formular somente porque ele os recebeu. (2003a, p.13-4)

Ou seja, considerando novamente a expressão como mediada pela construção e vice-versa, ao não encontrar na música de Schubert um "sujeito musical transcendental", capaz de compor a forma a partir de si, Adorno a caracterizará em termos semelhantes à música do último Beethoven, isto é, antes como uma constelação de convenções materiais que espelhariam a própria objetividade, e não mais como expressão da subjetividade. Para Adorno, é desse giro em relação ao princípio da subjetividade que provém a novidade do lirismo de Schubert. De certa forma, pode-se afirmar que se a obra de Beethoven tornou-se tardia em sua última fase, a música de Schubert já nasce tardia:

> A parte objetiva e a parte subjetiva do lirismo que determina a paisagem schubertiana são definidas de maneira nova. Os conteúdos líricos não são mais produzidos: estes são as menores células da objetividade real, da qual eles representam as imagens, desde que as grandes formas objetivas tiveram que abdicar de toda autoridade. (idem, p.14)

Em *A geração romântica*, ao aproximar o *Lied* da noção primeiro-romântica do fragmento, duas das afirmações de Charles Rosen assemelham-se ao que Adorno entende por caráter objetivo da expressão lírica e, portanto, devem ser mencionadas aqui. A primeira diz respeito à mudança na concepção do culto às ruínas no limiar da modernidade: "O gosto do século XVIII pela ruína pitoresca traz, no entanto, um aspecto diferente: o fragmento não constitui mais a introdução da natureza na arte, mas o retorno da arte, daquilo que é artificial, a um estado natural" (2000, p.146). A segunda refere-se à possibilidade de instaurar uma ordem "não violenta" entre os elementos constituintes da forma por meio da noção de caos:

O fragmento romântico e as formas por ele inspiradas permitiram que o artista se defrontasse com o caos ou desordem da experiência, não pela reflexão, mas pela permissão de que o caos pudesse se instaurar momentânea, mas sugestivamente, dentro da própria obra. (idem, p.149)

Ambas as ideias permeiam também a concepção de Adorno acerca da fragmentação das obras de arte ao longo da modernidade. Em um dos aforismos de *Mínima moralia*, por exemplo, podemos encontrar o seguinte: "A tarefa atual da arte é introduzir o caos na ordem" (Adorno, 1993, p.195). Já em relação ao estado natural a que se refere Rosen, vimos a importância da dialética entre história e natureza para a concepção adorniana de obra tardia. Poderemos também encontrar, implícito na seguinte afirmação presente na *Teoria estética*, o ideal do *Lied* enquanto fragmento romântico, um ideal guiado pelo desejo de uma expressão de caráter objetivo: "O *Wanderers Nachtlied* é incomparável, porque aí não é tanto o sujeito que fala – preferiria antes, como em toda a obra autêntica, emudecer nesta perfeitamente –, mas porque imita pela sua linguagem o indizível da linguagem da natureza" (Adorno, s. d., p.89-90).

A imitação do "indizível da linguagem da natureza", isto é, o desejo de tornar possível a experiência do sublime através da arte está na origem do *Lied* romântico alemão e pode ser remontada, como demonstrou Dahlhaus, à ideia de *Volkslied*. A ênfase no caráter anônimo, isto é, na impossibilidade de determinar a autoria dos *Volkslieder*, foi um

O DODECAFONISMO TARDIO DE ADORNO **83**

traço distintivo dessa noção desde seu surgimento no final do século XVIII, quando apenas canções consideradas representativas de uma voz coletiva eram encaradas como verdadeiras canções populares. Devido a isso, Dahlhaus chamou a atenção para o caráter paradoxal da tendência crescente ao longo do século XIX de compor *Volkslieder*, canções com autoria determinada que passaram a ser admitidas como canções populares conquanto mantivessem em seu "tom" o "espírito do povo" de modo característico. Será em relação a essa tendência que o desejo de migrar a experiência do sublime para o âmbito do *Lied* começa a tomar forma. Segundo Dahlhaus (1989),

canções populares "espúrias" incluíam não só as "baixas" mas também as "artificiais", aquelas que carregam os sinais inerradicáveis de terem sido originadas na música composta. Não que os compositores estivessem para sempre barrados por tomarem o caminho oposto da composição em direção à canção popular. Mas qualquer compositor que tentasse recriar o estado natural da canção popular "indiretamente" – isto é, abordando-a pela arte – teria que esconder os esforços de sua técnica. Ainda, pela estética clássica, a perfeição da arte residia precisamente nessa autorrenúncia. Kant, em 1790, mantinha que a arte alcança a perfeição escondendo-se e aparecendo como natureza, e esse dito foi ecoado por Reichardt um ano depois quando, referindo-se à "altamente difícil tarefa de escrever uma genuína canção popular", ele escreveu que "para o artista a suprema arte reside, não na ignorância de sua arte, mas na renúncia à mesma". (*Geist des Musikalischen Kunstmagazins*, 1791, p.109)

Em *Palestra sobre lírica e sociedade*, Adorno ao mesmo tempo apoiará e se mostrará crítico em relação à concepção romântica do *Volkslied*, visando estabelecer a importância do elemento universal representado pela linguagem no âmbito individualista da lírica moderna:

Uma corrente subterrânea coletiva é o fundamento de toda lírica individual. Se esta visa efetivamente o todo e não meramente uma parte do privilégio, refinamento e delicadeza daquele que pode se dar ao luxo de ser delicado, então a substancialidade da lírica individual deriva essencialmente de sua participação nessa corrente subterrânea coletiva, pois somente ela faz da linguagem o meio em que o sujeito se torna mais do que apenas sujeito. A relação do romantismo com o Volkslied é o exemplo mais visível disso, mas certamente não o mais incisivo. Pois o romantismo persegue programaticamente uma espécie de transfusão do coletivo no individual, e por isso a lírica individual buscava, através da técnica, a ilusão da criação de vínculos universais, sem que esses vínculos surgissem dela mesma. (2003, p.77)

Aí Adorno reitera sua posição em relação à natureza da lírica moderna que seria definida, segundo o autor, como a "esperança de extrair, da mais irrestrita individuação, o universal" (idem, p.66). O problema da concepção romântica do *Volkslied,* para Adorno, reside na sua pretensa imediaticidade. A participação na corrente subterrânea mencionada, ou seja, o desembocar da expressão individual no elemento universal da linguagem no âmbito do *Volkslied,* é denunciado como um embuste na medida em que em vez de alcançar o estatuto universal pela imersão irrestrita no particular, o *Volkslied* pretenderia criar artificialmente, ou seja, justamente por aquele gesto de autorrenúncia mencionado por Dahlhaus na passagem citada acima, uma ilusão de universalidade. Contudo, como veremos mais adiante, visando uma reformulação do significado desse gesto, Adorno voltará a referir-se ao *Volkslied,* inclusive tendo em vista um de seus *Lieder.* Por ora, passemos a uma análise de outra das canções compostas por Adorno que nos exemplificará de modo mais claro como a categoria da negação parece ter sido determinante para a atividade criativa do filósofo no âmbito da música.

O dodecafonismo negativo de *An Zimmern*

A primeira das peças compostas por Adorno, sobre a qual nos detemos agora, é a última das *Seis bagatelas para voz e piano op.6.* Trata-se do poemeto *An Zimmern* do último Hölderlin posto em música por Adorno em 1934. Nesse mesmo ano, Adorno escreve um pequeno texto sobre as *Seis bagatelas para piano solo op.126* de Beethoven no qual dirá o seguinte:

O DODECAFONISMO TARDIO DE ADORNO 85

O próprio Beethoven as denominou bagatelas. Não apenas elas são estilhaços e documentos do mais grandioso processo criativo, como a estranha brevidade dessas peças revela ao mesmo tempo a curiosa contração e a tendência ao inorgânico que dão acesso ao mais profundo segredo não apenas do Beethoven tardio, mas talvez de todo grande estilo tardio. (1998, p.130)

Já em relação à composição de Adorno em questão, Frank Schneider apontará corretamente em um ensaio publicado em 1989:

Duas peculiaridades impõem-se imediatamente em nível musical, isto é, a limitação do acompanhamento do piano apenas à mão direita e a aplicação das regras da técnica dodecafônica do modo o mais estrito e ao mesmo tempo mais simples possível – sem nenhuma tentação em aplicar possibilidades mais complexas do método. (p.134)

O peculiar acompanhamento pianístico dessa peça de Adorno, escrito apenas para mão direita, não era uma novidade. Schoenberg já havia utilizado um acompanhamento de piano escrito apenas para mão direita no sétimo dos *Lieder op.15* sobre *O livro dos jardins suspensos* de Stefan George, ciclo composto entre 1908 e 1909 e que geralmente é considerado como o marco inicial de sua fase expressionista. A seguir, uma breve comparação entre essas duas composições antecederá uma análise mais detalhada da composição de Adorno.

Ao contrário do que poderíamos pensar, Adorno parece mais interessado em afastar-se do "modelo schoenberguiano" do que dele se aproximar. Nesse sentido, nada mais antiexpressionista que o *fast ausdruckloss* (quase inexpressivo) notado como indicação de caráter por Adorno sob o início da linha vocal de sua peça. Já em relação a seu uso "o mais estrito e ao mesmo tempo o mais simples possível" da série, é pouco provável que a qualquer compositor fosse facultada a utilização de possibilidades seriais mais sofisticadas como transposições, derivações ou permutações na composição de uma peça que tomasse por base apenas os quatro versos de poesia tomados por Adorno. Na verdade, a aparência de simplicidade dos procedimentos seriais na peça decorre mais do tratamento extremamente circunspeto dado pelo compositor ao ritmo e à construção melódico-harmônica do que de uma falta de ousadia em relação à técnica dodecafônica. Como tentaremos mostrar ao longo desta análise, ao que parece a ousadia aqui residia para Adorno justamente na utilização da técnica dodecafônica contrariamente às funções dela esperadas.

Figura 1 – Adorno, *An Zimmern op.6, n°6*

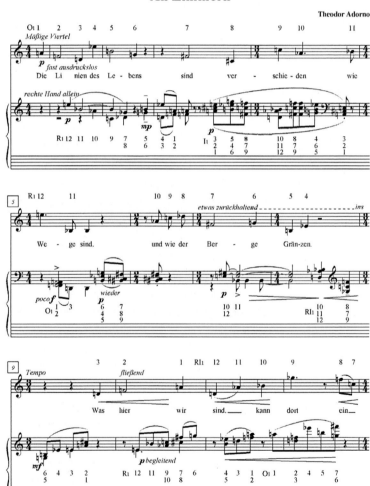

O DODECAFONISMO TARDIO DE ADORNO

Figura 2 – Schoenberg, *Angst und Hoffen op.15, n°7*

O DODECAFONISMO TARDIO DE ADORNO **89**

Em seu ensaio citado acima, Schneider apontará para o poema de Hölderlin visando justificar o "peculiar" uso serial encontrado na peça de Adorno:

A verdade de Hölderlin, de que "as linhas da vida divergem, como os caminhos", torna-se literal para Adorno em 1934 se considerarmos o exílio como desafio existencial. E a convicção do poeta de que a vida do ser humano é fragmentada sob tão injustas e hostis circunstâncias, de que um preenchimento harmonioso permanece apenas como possibilidade utópica dependente de esforços sobre-humanos permanece como o único pensamento apropriado a uma interpretação sonora. Aparentemente, Adorno pretendeu aludir à severidade da inexistência de afetos presente no texto por meio da objetividade inexorável da lei da série à qual corresponde sua representação virtualmente didática. (1989, p.134)

De fato é verdade que a contraditória "expressão do inexpressivo" que Adorno parece ter em mente com a aridez técnica presente nessa peça está já, de certa forma, prefigurada no próprio poemeto de Hölderlin. Este, ao contrário do caráter angustioso e movimentado dos versos de George musicados de modo expressionista por Schoenberg no sétimo de seus *Lieder op.15*, possui um tom notavelmente reflexivo, austero e mesmo resignado:

Stefan George, *Lied VII do Livro dos jardins suspensos*

Angst und hoffen wechselnd mich beklemmen
Meine worte sich in seufzer dehnen
Mich bedrängt so ungestümes sehnen
Dass ich mich an rast und schlaf nicht kehre
Dass mein lager tränen schwemmen
Dass ich jede freude von mir wehre
Dass ich keines freundes trost begehre.
(2000, p.54)

Esperança e medo em mim se alternam
Minha voz se transforma em gemido
Uma saudade tal qual prurido

Que me deixa insone na agonia
Que em meu leito lágrimas se internam
Que recuso qualquer alegria
Que nenhum consolo me alivia.
(idem, ibidem)

Friedrich Hölderlin, *An Zimmern* (*para Zimmern*)

Die Linien des Lebens sind verschieden
Wie Wege sind, und wie der Berge Gränzen.
Was hier wir sind, kann dort ein Gott ergänzen
Mit Harmonien und ewigem Lohn und Frieden. [1]

As linhas da vida divergem
Como os caminhos e os limites das montanhas.
O que aqui nós somos, lá pode um Deus completar
Com harmonia e eterna recompensa e paz. [2]

Se admitirmos que a noção de expressão, mesmo no contexto dodecafônico-serial, ainda depende sobremaneira da dicotomia consonância-dissonância, podemos então afirmar que a série berguiana composta por Adorno para *An Zimmern*, na qual predomina o intervalo de terça, será um fator decisivo para que se estabeleça um regime de afinidade entre o caráter dos versos de Hölderlin e o "tom" da música de Adorno. Mesmo ocorrendo em sua peça, as dissonâncias têm aí seu potencial expressionista notavelmente diminuído pelo uso reiterado dos intervalos de terças. Na peça de Schoenberg, as terças harmônicas também tem um papel importante no acompanhamento do piano às três primeiras estrofes (compassos 1-6), mas nesse caso, e principalmente na linha vocal, predominam os intervalos de segunda e os trítonos e as sétimas e nonas também ocorrem aí em maior número que no caso de Adorno. Também em relação ao aspecto rítmico, Ador-

---

1 Poema retirado da partitura do *Lied* de Adorno.
2 Tradução minha.

O DODECAFONISMO TARDIO DE ADORNO **91**

no se afastará bastante do exemplo de Schoenberg. Em *An Zimmern* predominarão ritmos mais lentos, simples e recorrentes, enquanto em *Angst und Hoffen* encontraremos uma movimentação rítmica maior, mais complexa e mais variada. Apenas em relação à harmonia é que as duas peças se aproximam mais devido ao papel proeminente reservado em ambas aos acordes aumentados e àqueles formados pela sobreposição de um trítono e uma quarta justa.

No ensaio de 1912, *O relacionamento com o texto* incluído no almanaque expressionista *Der Blaue Reiter*, Schoenberg afirmaria ter composto a música de seu *op.15* de maneira virtualmente autônoma, atentando apenas à sonoridade dos poemas de George e ignorando o sentido dos mesmos no momento da composição. Ou seja, seguindo a posição de Wagner em relação a seus dramas musicais, Schoenberg considerará seus *Lieder op.15*, *ex post facto*, como música absoluta (Schoenberg, 1984, p.144). Já Adorno – para quem a contradição existente entre a inegável qualidade musical, tanto de Wagner quanto de Schoenberg, e a duvidosa qualidade literária de parte dos textos musicados por esses compositores refletiria a irracionalidade com que o fenômeno da divisão do trabalho poderia ser percebido no âmbito das artes – é categórico ao afirmar na *Filosofia da nova música*: "A qualidade musical nunca foi indiferente à do texto" (2007, p.28). Mesmo que essa reflexão não estivesse endereçada aos poemas de George musicados por Schoenberg em seu *op.15*, não por acaso, portanto, o que se perceberá no caso de *An Zimmern* é uma clara interdependência entre o sentido do texto e o sentido da concepção musical.

Ao contrário de Schoenberg, que em seu *Lied* utiliza pausas apenas para marcar a articulação entre um verso e outro na linha vocal e somente duas vezes na parte do piano (compassos 13 e 14), Adorno recorre a um grande uso das pausas tanto na linha vocal quanto no acompanhamento. Devido a isso, as duas frases musicais que compõe a linha vocal de *An Zimmern* serão interrompidas e seccionadas em semifrases irregulares. A primeira frase musical da linha vocal, que se estende da anacruse inicial até o segundo tempo do compasso 8 e que corresponde aos dois primeiros versos do poema, será interrompida em dois momentos (compassos 2-3 e 5-6), o que acabará por dividi-la

92 IGOR BAGGIO

em três semifrases: a primeira estendendo-se da anacruse inicial até o terceiro tempo do compasso 2, a segunda do segundo tempo do compasso 3 até o terceiro tempo do compasso 5 e a terceira da segunda metade do primeiro tempo do compasso 6 até o segundo tempo do compasso 8.

Note-se que a segunda dessas semifrases possuirá texto tanto do primeiro verso (*sind verschieden*) quanto do segundo verso (*wie Wege sind*). Duas formas da série são utilizadas nessa primeira frase vocal, o primeiro tempo do compasso 5 marcando uma elisão entre a última nota de O 1 e a primeira de R 1. Adorno não separa com uma cesura o segundo do terceiro verso na parte do piano e o pianista deve estar atento para que os dois acordes do compasso 8, que servem como ligação entre esses versos, deem continuidade ao *etwas zurückhaltend* (retido) notado sobre a linha vocal nos compassos 7-8.

Já a segunda frase musical da linha vocal, que vai do terceiro tempo do compasso 9 até o último tempo do compasso 17 e que corresponde ao terceiro e quarto versos do poema, será interrompida (excetuando-se a pausa de colcheia presente no compasso 12 que funciona mais como um sinal de respiração para a cantora e que não chega a interromper o fluxo melódico) apenas uma vez no terceiro tempo do compasso 13. Essa interrupção divide a segunda frase musical da linha vocal em duas semifrases, a primeira durando do último tempo do compasso 9 até o segundo tempo do compasso 13 e a segunda do segundo tempo do compasso 14 até o último tempo do compasso 17. As três primeiras notas dessa segunda frase ainda correspondem às últimas três notas da forma R 1 da série que havia iniciado com a elisão do compasso 5. A partir do compasso 9, a melodia vocal está baseada na forma serial RI 1, que durará até o segundo tempo do compasso 14. Do terceiro tempo desse compasso até o final da linha vocal temos a forma I 1 da série.

Essa estrutura frasal da linha vocal é independente do acompanhamento do piano. No que tange às interrupções no acompanhamento, estas ocorrem praticamente a cada compasso, fazendo com que cada uma de suas figuras nunca alcance mais do que dois compassos. Apesar de, devido à disposição complementar da parte vocal e instrumental, essas interrupções não serem totalmente percebidas como tais (já que sem-

O DODECAFONISMO TARDIO DE ADORNO **93**

pre que há pausas na linha vocal o acompanhamento soa e vice-versa),
Adorno parece mesmo disposto a aludir, recorrendo a um expediente
mimético típico da tradição do *Lied* romântico alemão, por meio dessa
contínua fragmentação por pausas, às "linhas da vida" de que fala o texto.
Digno de nota, nesse sentido, também é o compasso 12 da linha vocal no
qual temos um exemplo explícito desse tipo de tentativa de representação
musical do texto. Esse é o ponto culminante da peça. O *fortíssimo* sob
a palavra *Gott* (Deus) é alcançado via um salto de sétima maior (dó-si)
ascendente, e a última nota é a mais aguda de toda a canção.

Esse procedimento que consiste em secionar continuamente o fluxo
musical também é algo que Adorno detectou, guardadas as devidas
diferenças, como característico da poesia tardia de Hölderlin. Nela,
assim como na música do último Beethoven, a eliminação das figuras
responsáveis pela mediação entre as partes e o todo passa a ser a verdadeira lei formal das obras:

> De um modo que lembra Hegel, mediações do tipo vulgar, um *medium*
> fora dos momentos os quais ele deve unir, são eliminadas como superficiais
> e secundárias, como acontece frequentemente no estilo tardio de Beetho-
> ven. Precisamente isso proporciona à poesia tardia de Hölderlin seu teor
> anticlassicista, que se recusa à harmonia. (Adorno, 1973, p.102)

Como obra tardia, os últimos poemas de Hölderlin também serão
considerados por Adorno como exemplos maiores de uma expressão
de caráter objetivo, alcançada por meio de uma crítica em relação à
dimensão comunicativa e reificada da linguagem:

> O sujeito se torna sujeito somente através da linguagem. A crítica da
> linguagem de Hölderlin por isso se move em direção contrária ao pro-
> cesso de subjetivação, semelhante ao que poderíamos dizer da música de
> Beethoven, na qual o sujeito compositório se emancipa, quando ele faz
> soar seu *medium* historicamente preestabelecido, a tonalidade, em vez de
> negá-la apenas por parte da expressão. Hölderlin quis salvar a linguagem
> do conformismo, do "uso", elevando-a, da liberdade subjetiva, acima
> do próprio sujeito. O processamento linguístico encontra-se junto ao
> antissubjetivismo do conteúdo. (idem, p.107)

94 IGOR BAGGIO

Tal "processamento linguístico" no nível formal, ao qual corresponderá o "antissubjetivismo do conteúdo", será descrito por Adorno como uma renúncia de Hölderlin aos modelos linguísticos gregos tão admirados pelo poeta. Contudo, Adorno sublinhará: tal renúncia não se dará de maneira abstrata. De maneira semelhante ao que fizera Beethoven em relação ao sistema tonal, em vez de simplesmente descartar tais modelos partindo para uma tábula rasa, Hölderlin efetuaria, segundo a terminologia hegeliana utilizada por Adorno, uma "negação determinada" desses modelos:

> Enquanto o proceder hölderliano, como aponta Steiger com toda a razão, não prescinde do método das construções hipotáticas audaciosas, treinado naquele dos gregos, apresenta-se com parataxes funcionando como desordens artísticas, que se esquivam à hierarquia lógica da sintaxe subordinativa. Irresistivelmente Hölderlin é atraído por estas figuras. É à maneira da música que se sucede a transformação da linguagem num alinhamento cujos elementos se conectam de outro modo que no raciocínio. (idem, p.100)

Ou seja, na construção de suas últimas poesias Hölderlin ao mesmo tempo conservaria o procedimento sintático clássico e o subverteria desde o interior, principalmente por inversões de palavras dentro dos períodos, inversões dos próprios períodos, de justaposições ou alinhamentos de palavras carentes de uma concatenação estritamente lógica e hiatos ou interrupções bruscas. Provém daí, segundo Adorno, a aproximação operada pela poesia tardia de Hölderlin da prosa, o conceito de *parataxe* entendido, nesse contexto, como crítica imanente ao ideal formal orgânico clássico amparado em construções de cunho subordinativo ou coordenativo, isto é, hipotático. Em decorrência dessa simultânea aderência e afastamento em relação aos modelos da poesia clássica Adorno considerará que "sob a forma tectônica à qual ele se subordinou com intenção, em Hölderlin surge uma forma subcutânea, ametaforicamente composta" (idem, p.99).

Essa última formulação é crucial para que possamos entender o real sentido do procedimento composicional de Adorno em *An Zimmern*. Na verdade, já em 1928, em uma carta a Alban Berg,

O DODECAFONISMO TARDIO DE ADORNO 95

Adorno refletia algo semelhante ao proceder hölderliano em relação à composição musical:

> Confronto-me cada vez mais claramente com o problema de desenvolver uma nova abordagem técnica a ser levada a cabo juntamente a um completo rigor motívico-temático, mas que ao mesmo tempo transfira as conexões presentes em nível construtivo para detrás das cenas, por assim dizer, e pareça inteiramente livre junto à superfície externa (assim em contraste à técnica de uma peça como a Sinfonia de Câmara, na qual sempre é visível como uma coisa se desenvolve a partir de outra). Permaneço convencido de que a liberdade da construção imaginativa, como criada com propósitos poéticos em Erwartung, será decididamente mais frutífera à música absoluta, mais do que qualquer reconstrução de formas do passado, e vejo cada vez mais na técnica dodecafônica os meios para transferir a organização do material para trás da fachada, isto é, para trás da superfície sonora da música, deixando esse domínio à liberdade da imaginação. (Adorno & Berg, 2005, p.119)

Enquanto o Hölderlin tardio ao mesmo tempo aderiria ainda, em um nível mais profundo (tectônico), a um procedimento sintático tradicional (hipotático) proveniente da tradição grega e subverteria o mesmo em um nível mais superficial (subcutâneo), ao trabalhar aí a partir de suas "desordens criativas" suas construções por parataxes, Adorno pensa em manter a série no *background* apenas para dispor de certa homogeneidade "motívico-temática" sobre o material melódico--harmônico. No nível da composição propriamente dita (fachada), em *An Zimmern*, por exemplo, em vez da preocupação com o estabelecimento de relações motívicas ou de simetria temática capazes de estabelecer algo como um tipo formal determinado, Adorno frustrará, pelo uso reiterado de pausas, todo o suposto potencial de organização da forma associado à série. Devido a isso, sua peça será mais "desorganizada" mesmo que o modelo atonal livre de Schoenberg; a série em *An Zimmern* aparecendo como ruína, isto é, desfuncionalizada e, portanto, impotente em termos arquitetônicos.

Como apontado no capítulo anterior, Adorno percebera esse tipo de procedimento como essencial para o estabelecimento de um caráter alegórico junto aos temas das últimas composições de Schoenberg. Também vimos que tal possibilidade de uma dupla articulação da dimensão temática da música remontava às últimas composições de Beethoven, principalmente a seus últimos quartetos de cordas. Em relação a isso, a grande diferença guardada por uma peça como *An Zimmern*, no que diz respeito a tal procedimento, está em que aqui (mais ainda do que no último Beethoven ou no último Schoenberg) não poderíamos falar em temas e, mesmo que o ritmo ocupe um papel fundamental para que certa identidade entre o material melódico-harmônico possa se estabelecer, também seria inapropriado considerarmos as semelhanças existentes entre certos padrões rítmicos recorrentes ao longo dessa peça como motivos rítmicos, já que tais padrões não exercem aí quaisquer funções gerativas ou estruturais independentemente das alturas.

Ao não podermos tratar separadamente o ritmo das alturas, mas também ao não podermos falar em termos de temas ou motivos, passaremos a nos referir às unidades musicais claramente articuladas por Adorno em sua peça como figuras musicais. Será em relação a essas unidades que o procedimento alegórico analisado como tipicamente tardio anteriormente se estabelecerá aqui. Tal procedimento será mais evidente no acompanhamento pianístico de *An Zimmern*. Adorno tratará de articular separadamente cada uma das figuras que compõem o acompanhamento, caracterizando-as enfaticamente por indicações de expressão, articulação, dinâmica e agógica, procedimento que, assim como o filósofo anotara em relação ao último Beethoven, parece contradizer a exiguidade do material e do fato musical coagulado na partitura.

Em relação à voz, na qual as frases musicais estão mais claramente delineadas, o acompanhamento tem um caráter muito mais amorfo. Cada uma das aparições das formas seriais utilizadas na composição do acompanhamento do piano é caracterizada por uma figura, ou pela combinação de figuras diferentes. As duas primeiras figuras do acompanhamento (a primeira que se estende do compasso 1 até o segundo tempo do compasso 2 e a segunda que vai do terceiro tempo do compasso 2 até o segundo tempo do compasso 3) correspondem em termos de altura à forma RI 1.

O DODECAFONISMO TARDIO DE ADORNO **97**

A primeira dessas figuras inicia aludindo ao ritmo e ao movimento descendente das duas primeiras notas da linha vocal, possui uma articulação *legato* e dinâmica *piano*. A segunda figura soa sozinha e é o primeiro contraste em termos rítmicos, de articulação e de dinâmica a aparecer na peça; contudo, as alturas que a compõe serão as mesmas que as da primeira semifrase da voz que vai da anacruse inicial até o terceiro tempo do compasso 2, fato que fará com que esse trecho seja fortemente marcado pela terça que o inicia e que o encerra. Ambas as primeiras figuras estão escritas em duas vozes. Já a terceira figura a aparecer no acompanhamento é homofônica e tem articulação *legato* e dinâmica *piano*. Corresponde a um uso em espelho da forma I 1 da série e é caracterizada como uma sucessão de acordes que inicia e conclui com um acorde de lá maior. Estende-se do terceiro tempo do compasso 3 até o final do compasso 4.

Do compasso 5 ao compasso 8 temos quatro figuras. As duas primeiras aludem à segunda figura presente nos compassos 2-3: a primeira, a duas vozes, ocupando os três primeiros tempos do compasso 5 e a segunda, homofônica, o último tempo deste e o primeiro tempo do compasso 6. Correspondendo à forma O 1 da série até a nota 9 desta e contrastantes em termos de dinâmica, essas duas figuras estão concebidas visando a uma espécie de eco. A figura seguinte, a duas vozes, que vai do compasso 7 até o segundo tempo do compasso 8, anuncia o restante das alturas da forma serial O 1. Já os dois acordes presentes no terceiro e quarto tempos do compasso 8 formam outra figura, esta baseada nas seis primeiras alturas da forma RI 1 da série. A alegorização dessas duas últimas figuras fica por conta do *marcato* e do extremamente sutil decrescendo sob o si bemol repetido na primeira figura e ainda dos *tenutos* e do crescendo sob a segunda figura.

O *tempo* do compasso 9 é marcado pela entrada de uma figura que dura até o segundo tempo e que tem a função de introduzir o terceiro verso do poema que inicia na linha vocal no último tempo desse compasso. Trata-se de uma figura escrita a duas vozes com dinâmica meio-forte e que completa as notas restantes da forma serial RI 1 que havia iniciado com os dois acordes do compasso anterior. As três figuras que seguem jogam com as semelhanças e com as diferenças em relação a essa figura do compasso 9. Também escrita a duas vozes e ritmicamente semelhante à figura anterior, a figura do compasso 10 do acompanhamento, baseada nas seis primeiras notas de R 1, pode ser considerada uma espécie de variante daquela que a antecedeu. Porém, esta figura possui articulação e dinâmica diferentes em relação àquela e já se encontra no raio de atuação do *fließend* (flutuante) notado sobre a linha vocal nesse mesmo compasso. A próxima figura, aquela que vai do início até o segundo tempo do compasso 11 possui o restante das notas da forma R 1 que haviam sido enunciadas pela figura anterior. Apesar de ritmicamente dar prosseguimento ao movimento de colcheias iniciado no compasso 9, esta figura retorna a uma escrita homofônica e acompanha o *crescendo* presente na voz desde o compasso anterior e que será assumido pela figura seguinte do acompanhamento. Esta, por sua vez, enuncia as seis primeiras notas de O 1 e vai da parte fraca do último tempo do compasso 11 até o segundo tempo do compasso 12. Assim como a figura anterior, possui escrita homofônica e é ritmicamente complementar às três figuras anteriores em colcheias. O *crescendo* iniciado pela voz no compasso 9 é interrompido na parte do piano pela pausa presente no terceiro tempo do compasso 12, mas continua na linha vocal. Com maestria, Adorno constrói com essas quatro últimas figuras uma zona de instabilidade, de tensão e de preparação a preceder o ponto culminante da peça no compasso 13.

As interrupções entre cada uma dessas figuras vão represando o movimento ascendente e o *crescendo* que caracterizam esses quatro compassos tanto na linha vocal quanto no piano. O efeito é cumulativo e torna-se extremamente eficiente em conjunto com o *fließend* a partir do compasso 10. Tal efeito cumulativo está sublinhado pela ascendência gradual da linha vocal que partindo do ré do terceiro tempo do compasso 9 atinge primeiramente o sol bemol do compasso 12, desce ao dó do último tempo desse compasso para só então alçar-se até o si natural em *fortíssimo* sobre o *Gott* do texto. Esse último salto da linha vocal é compensado pelas duas terças, pelo semitom descendente e pela figura ascendente em *fortíssimo* e algo amorfa do acompanhamento do piano presente nos dois primeiros tempos do compasso 13, figura esta que também está escrita em vozes e que corresponde às cinco notas

O DODECAFONISMO TARDIO DE ADORNO **99**

restantes da forma O 1 iniciada no compasso anterior. Porém, não há uma dissolução da tensão criada pelos quatro compassos anteriores. Depois da última nota dessa figura, o ré da parte fraca do segundo tempo do compasso que já inicia a forma serial RI 1, temos uma cesura seguida pelo *piano* súbito, ou seja, em vez de uma dissolução da tensão temos aqui um contraste brusco.

No que segue, temos uma figura formada pelas notas 11, 10 e 9 da forma RI 1 e que alude novamente pelo ritmo à segunda e às quartas e quintas figuras do acompanhamento e a outra figura formada pelo acorde *marcato* que ocupa os dois primeiros tempos do compasso 14 e que corresponde às notas 8, 7 e 6 de RI 1. Estas duas últimas figuras possuem uma função de ligação entre o terceiro e o quarto verso do poema. Pelo brusco contraste é que se estabelecerá a dinâmica *piano* a partir da qual o último verso se desenvolverá.

O *Tempo, ruhig ohne zu schleppen* (tempo, calmo sem arrastar) estabelece o caráter do último verso da peça. Tal caráter está prefigurado pela poesia que aqui tratará de qualificar a completude divina como harmoniosa, eternamente recompensadora e pacífica. A figura a duas vozes do acompanhamento (*più p*) que inicia no último tempo do compasso 14 e vai até o último tempo do compasso 15 corresponde em termos seriais às cinco últimas notas da forma RI 1 que havia sido iniciada anteriormente e está concebida de maneira a sugerir brevemente uma imitação canônica das duas primeiras notas da linha vocal da última estrofe. Adorno reforça essa intenção de aludir a um resto de contraponto imitativo pelos *marcatos* sobrepostos à nota sol (último tempo do compasso 14) e à nota dó sustenido (segundo tempo do compasso 15). As duas figuras seguintes do acompanhamento são formadas cada uma por dois acordes de três sons cada, ritmicamente simétricos (porém o segundo acorde da primeira figura recebe um *marcato*) e que em termos seriais enunciam pela última vez O 1.

Notadas em dinâmica *pianíssimo* e articuladas em *legato* de duas a duas, essas figuras antecipam o ritmo curto-longo do trecho da linha vocal ao qual servem de acompanhamento. Com uma dinâmica *mezzo piano*, a figura do acompanhamento, que inicia no último tempo do compasso 17 e que vai até o último tempo do compasso 18, enuncia as cinco primeiras notas de R 1 e deixa claro o intuito de Adorno em terminar sua peça fazendo menção à figura de abertura da mesma. Aqui cada uma das cinco notas recebe um *tenuto* e a indicação *molto espressivo*; contrastante com o *fast ausdruckloss* do início e sobreposta a essa figura, talvez constitua o exemplo mais claro de alegorização de toda a peça. As últimas sete notas de R 1 formam a última figura da peça nos compassos 19 e 20, um acorde de sol maior com sétima maior adicionada ao qual é acrescida uma quinta aumentada no terceiro tempo do compasso 19. Esse acorde de sol aumentado e sétima maior permanece ligado no compasso 20 no qual um acorde de ré menor em *pianíssimo* no extremo grave do piano conclui a peça. Essa última figura também possui uma carga gestual marcante proveniente do *ritardando* notado sobre a linha vocal nos compassos 19-20, do *decrescendo* imposto ao compasso 19 e dos *marcatos* dos dois acordes.

Ao contrário do que ocorre na linha vocal, na qual apesar das interrupções ainda podíamos encontrar frases musicais claramente articuladas, dificilmente poderíamos agrupar as diversas figuras que compõem o acompanhamento em frases sem deturpar o real sentido delas. Contudo, também não seria o caso de concebermos cada uma dessas figuras como átomos que não se comunicam entre si e com a linha vocal. Apesar da concepção nitidamente alegórica do acompanhamento, como já afirmado, será a disposição complementar existente entre voz e piano o que contribuirá para que as constantes interrupções ocorridas tanto na linha vocal quanto no acompanhamento dessa peça possam ser percebidas também como um *continuum*.

A dialética entre continuidade e descontinuidade será também o que determinará o uso que Adorno fará da técnica dodecafônica em outros dois de seus últimos *Lieder*. Dentre aquelas composições para as quais Adorno determinou um número de *opus*, o ciclo *Quatro canções sobre poemas de Stefan George para canto e piano op.7* é sua derradeira composição. Desses quatro *Lieder* compostos por Adorno em 1944 durante seu exílio na Califórnia, o primeiro e o terceiro também serão marcados por um uso extremamente idiossincrático de procedimentos seriais.

O DODECAFONISMO TARDIO DE ADORNO 101

George e a sublimação do ideal do *Volkslied*

Em um pequeno texto de 1967 sobre os *Lieder op.7*, incluído na edição póstuma de suas obras completas, Adorno apresenta a primeira canção do ciclo com a seguinte colocação: "O primeiro [*Lied*] permitiu--se ser inspirado a partir da poesia em direção à ideia sublimada de uma canção popular (*Volkslied*)" (1984a, p.552). À primeira vista, essas palavras soam enigmáticas, já que não são desenvolvidas pelo autor nessa ocasião. Entretanto, podem ser tomadas como um indicativo do grau de afinidade que o seu intuito composicional guardava para com suas reflexões filosóficas.

Um ano após a composição do *op.7*, em *O que o nacional-socialismo fez às artes*, Adorno reservara uma parte de suas reflexões sobre esse tema às implicações ideológicas da noção de *Volkslied*. Ao apontar o ressentimento em relação à vanguarda como característica dominante no ambiente cultural da Alemanha nos anos que antecederam a Segunda Guerra Mundial, Adorno afirma que

> Esse ressentimento, assim como a perda do cultivo musical das classes médias da Alemanha, resultou em certas mal definidas tendências coletivistas próprias da era pré-fascista. Elas encontraram sua expressão parcialmente positiva no assim chamado folclore musical [musical folk] e no movimento da juventude [youth movement]. Durante o Terceiro Reich, esse movimento entrou em certo antagonismo com o Partido e parece ter sido abolido ou absorvido pela juventude hitlerista. Contudo, não há dúvidas de que o mesmo teve uma forte afinidade com o espírito do nazismo. Não há necessidade em enfatizar tais aspectos óbvios como a conexão entre esse coletivismo musical e a ideologia nazi do povo. (2002c, p.382)

Como demonstrou Carl Dahlhaus, desde seu surgimento no final do século XVIII, a prática tipicamente alemã de colecionar canções populares veio acompanhada quase sempre de controvérsias a respeito da natureza desse gênero. Tais controvérsias estavam amplamente baseadas no embaralhamento de noções como origem, pureza e nação. Em *Música do século XIX*, Dahlhaus cita uma caracterização de

102 IGOR BAGGIO

canção popular extraída de um tratado de 1825 que considera típica a esse respeito: "Essas canções quase sempre correspondem a nossa imagem de seres humanos fortes, vibrantes e imaculados pela cultura, e obtêm um valor próprio ao compartilharem dos grandes atributos de uma nação" (Thibaut apud Dahlhaus, 1989, p.107).

Em relação a Stefan George, o ideal coletivista associado à concepção romântica do *Volkslied* teve um papel decisivo, no período de 1933 a 1945, na recepção que sua obra obteve junto a ideólogos responsáveis pela política cultural do nacional socialismo. Segundo Mark Elliott, tal recepção articulou-se (principalmente em relação à sua última obra, *Das Neue Reich* (o novo reino), de 1928) em sintonia com uma apropriação banalizante em termos de gênero das categorias nietzschianas do apolíneo e do dionisíaco. Nesses termos, "George foi amplamente equacionado positivamente com masculinidade, disciplina e com categorias estéticas correspondentes como sobriedade formal; já Rilke negativamente com feminilidade, decadência e fluidez na forma estética" (2003, p.908).

Não por acaso, portanto, a pretensa afinidade que as poesias desse autor que se guiavam pelo ideal expressivo de *Das Neue Reich* visavam guardar para com o ideal do *Volkslied* será o ponto de partida da leitura crítica que Adorno efetua de alguns aspectos da poesia georgiana em seu ensaio *George* incluído em *Notas de literatura*. A particularidade da pretensão intersubjetiva que Adorno percebe no George da obra citada, por exemplo, é determinada marcadamente pela simbiose que aí ocorre entre linguagem ordinária e exatidão formal. Essa mescla resultará para Adorno no tom meio esotérico, meio vulgar que perpassa poesias como a seguinte, comentada pelo filósofo em seu ensaio:

> Du schlank und rein wie eine flamme
> Du wie der morgen zart und licht
> Du blühend reis vom edlen stamme
> Du wie ein quell geheim und schlicht
>
> Begleitest mich auf sonnigen matten
> Umschauerst mich im abendrauch

Erleuchtest meinen weg im schatten
Du kühler wind du heisser hauch

Du bist mein wunsch und mein gedange
Ich atme dich mit jeder luft
Ich schlürfe dich mit jedem trance
Ich küsse dich mit jedem duft

Du blühend reis vom edlen stamme
Du wie ein quell geheim und schlicht
Du schlank und rein wie eine flame
Du wie der morgen zart und licht.
(George, 200, p.164)

Tu chamas de puro esplendor
Manhã luminosa e discreta
Rebento de tronco alto em flor
Nascente singela e secreta

Ao prado ensolarado guias
No ocaso me deixas pálido
Clareias as trilhas sombrias
Vento frio sopro cálido

És meu desejo e pensamento
Respiro-te com todo lume
Saboreio teu condimento
Aspiro-te em todo perfume

Rebento de tronco alto em flor
Nascente singela e secreta
Tu chamas de puro esplendor
Manhã luminosa e discreta.
(idem, p.165)

Para Adorno, aqui as idiossincrasias técnicas de George, como a renúncia em grafar os substantivos em maiúsculas e em utilizar sinais

104 IGOR BAGGIO

de pontuação, mal disfarçam o caráter de "versos de álbum" (1984, p.374). O gosto pela ornamentação evidenciado pelo pudico zelo com a rima e a invocação de uma *imagerie* carregada serão características que farão Adorno aproximar essas poesias, seguindo Benjamin, ao *Jugendstil*. Em comum com este ter-se-ia aqui uma "vontade de estilo" que visaria reconstituir a eficácia poética das convenções linguísticas para além do declínio destas em meio a um mundo reificado. O resultado disso, Adorno afirma:

> É precisamente esse tom esotérico, esse narcisismo distante que, segundo Freud, permite aos personagens de chefes políticos exercerem um efeito psicológico sobre a massa, que então contribuirá. Uma atitude aristocrática que toma um cuidado maníaco ao se apresentar, nascida de uma vontade de estilo que carece visivelmente de tradição, de confiança e de gosto. (idem, ibidem)

As análises que Adorno efetua em seu ensaio sobre George em relação àquela parcela da obra do poeta que considera como capaz de produzir ideologia decorrem do conceito materialista de *eu lírico* fundado pelo filósofo, notavelmente, em *Palestra sobre lírica e sociedade*. Nessa ocasião, ele defenderá a tese que afirmava ser o conceito moderno de lírica determinável apenas *negativamente* em sua relação dialética para com o estágio histórico das relações sociais. O *pathos* de alienação, principal característica da noção de eu lírico na modernidade, era tido aí como índice de uma fratura entre a subjetividade individual e a objetividade social. Nas palavras do autor:

> A idiossincrasia do espírito lírico contra a prepotência das coisas é uma forma de reação à coisificação do mundo, à dominação das mercadorias sobre os homens, que se propagou desde o início da Era Moderna e que, desde a Revolução Industrial, desdobrou-se em força dominante da vida. (2003, p.69)[3]

---

3 Ao confrontar a posição de diversos autores em relação à concepção estrutural da lírica moderna de Hugo Friedrich em seu famoso *Estrutura da lírica moderna*, Alfonso Berardinelli afirmará em *Da poesia à prosa* tendo em vista *Palestra sobre lírica*

O DODECAFONISMO TARDIO DE ADORNO **105**

Na realidade, antes mesmo do advento do capitalismo e de suas consequências para com a dimensão comunicativa da linguagem, Adorno & Horkheimer já haviam constatado uma fratura histórica no interior da própria linguagem em suas reflexões no primeiro capítulo da *Dialética do esclarecimento* no qual se lê que

> Com a nítida separação da ciência e da poesia, a divisão de trabalho já efetuada com sua ajuda estende-se à linguagem. É enquanto signo que a palavra chega à ciência. Enquanto som, enquanto imagem, enquanto palavra propriamente dita, ela se vê dividida entre as diferentes artes, sem jamais deixar-se reconstituir através de sua adição, através da sinestesia ou da arte total. Enquanto signo, a linguagem deve resignar-se ao cálculo, para conhecer a natureza, deve renunciar à pretensão de ser semelhante a ela. Enquanto imagem, deve resignar-se à cópia; para ser totalmente natureza, deve renunciar à pretensão de conhecê-la. Com o progresso do esclarecimento, só as obras de arte autênticas conseguiram escapar à mera imitação daquilo que, de um modo qualquer, já é. (1985, p.31)

Portanto, tendo em vista a fratura histórica e social presente no interior mesmo da linguagem, o objetivo da crítica de Adorno em relação à afinidade que alguns poemas de George pretendiam estabelecer com o ideal do *Volslied* será sustentar que sempre que um "nós" pretende ser entoado com um caráter de imediaticidade em suas poesias, o que elas estão na verdade entoando não é nada mais que um velado "Eu".[4] Em decorrência disso, Adorno afirma:

---

e sociedade: "Embora Adorno esteja muito próximo de identificar, como Friedrich, a poesia moderna com a lírica mais inclinada à não-transparência comunicativa e ao '*pathos* da distância', sua leitura da situação e da relação lírica-sociedade segue a direção contrária. O que Friedrich interpreta como potência da linguagem e da fantasia, como capacidade da lírica de 'destruir' o real ou de servir-se dele com absoluta liberdade para os próprios fins estéticos, em Adorno aparece em termos invertidos. Essa aparente liberdade absoluta da 'fantasia ditatorial' e da 'linguagem autônoma' é, para Adorno, constrição, determinação social e histórica: situação extraestética não superável esteticamente" (2007, p.35).

4 Conforme o aforismo de *Minima moralia*: "Dizer 'nós' e ter em mente 'Eu' é uma das mais refinadas ofensas" (Adorno, 1993, p.167).

106 IGOR BAGGIO

As liturgias da Aliança em George, malgrado o *pathos* da distância, ou mesmo por causa dele, convirão bem às farras do solstício e aos fogos nos campos de hordas de jovens em movimento e aos seus terríveis sucessores. O artificial "nós" que está aqui com eles é tão fictício e logo tão precário quanto o tipo de povo que visavam os nacional-socialistas. (1984, p.372)

Porém, nem toda a obra de George segue essa mesma orientação. Baseado em seu conceito materialista de lírica, Adorno poderá sustentar que "são autênticos aqueles seus poemas que se apresentam como não-autênticos, socialmente a descoberto, isolados" (idem, p.375). Ou ainda: "Se restará qualquer coisa de George, isso ocorrerá naquele nível no qual ele renegara, depois da morte de Maximin, às quinquilharias do lirismo coral e a uma 'aliança' coletiva que dissimula mal a ideia de raça" (idem, p.377). Mas será no último parágrafo de *Palestra sobre lírica e sociedade* no qual poderemos encontrar uma afirmação decisiva para que possamos entender o real sentido da frase de Adorno a respeito do primeiro de seus *Lieder op.7*:

> Foi preciso que a individualidade, intensificada ao extremo, revertesse em autoaniquilação – e qual é o significado do culto do último George ao amante Maximin, senão uma renúncia à individualidade, apresentada de maneira desesperadamente positiva – para alcançar essa fantasmagoria que a língua alemã, em seus maiores mestres, sempre tateou em vão: a canção popular. É somente em virtude de uma diferenciação levada tão longe a ponto de não poder mais suportar sua própria diferença, não poder mais suportar nada que não seja o universal libertado, no indivíduo, da vergonha da individuação, que a palavra lírica representa o ser-em-si da linguagem contra sua servidão no reino dos fins. Mas com isso a lírica fala em nome do pensamento de uma humanidade livre, mesmo que a Escola de George o tenha dissimulado no culto inferior das alturas. (2003, p.88-9)

Ao que parece, Adorno tomou o poema de *Der Siebenten Ring* a partir do qual está composto o primeiro *Lied* do *op.7* como representativo desse gesto de renúncia a certa individualidade narcisista, gesto que determinaria a parte não ideológica da produção poética de George. O que nessa passagem está descrito como autoaniquilação corresponde àquela força de esquecer à qual Adorno creditava o ca-

O DODECAFONISMO TARDIO DE ADORNO **107**

ráter emancipatório do último Schoenberg. Assim como Schoenberg, Beethoven e Hölderlin, também George em sua última fase (mas não apenas aí) teria, por essa autocrítica, feito a própria linguagem falar e o resultado disso seria que justamente aí, onde o poeta desvencilhou-se de seu desejo de autenticidade e dos artifícios técnicos que visavam garanti-lo, é que ele finalmente aproximou-se daquele ideal estético do *Volkslied*. O poema do primeiro *Lied* do *op.7* é o seguinte:

> "Geh ich an deinem haus vorbei
> So send ich ein gebet hinauf
> Als lägst du darinnen tot"[5]

> Wenn ich auf deiner brücke steh
> Sagt mir ein flüstern aus dem fluss:
> Hier stieg vor dem dein licht mir auf.

> Und kommst du selber meines wegs
> So haftet nicht mein aug und kehrt
> Sich ohne schauder ohne gruss

> Mit einem inneren neigen nur
> Wie wir es pflegen zieht daher
> Ein fremder auf dem letzten gang. [6]

> "Passo diante de tua casa
> Assim envio-te uma oração
> Como se lá dentro jazesses morta"

> Quando estou sobre tua ponte
> Murmura-me através do rio:
> Aqui se elevou tua luz junto a mim.

> E vens tu mesmo por mim
> Assim não responda ao meu olhar e dê as costas
> Sem estremecimento e sem consideração

---

5 Esses três versos constituem uma epígrafe de autoria do próprio George à poesia que segue. Adorno a mantém como epígrafe à partitura de seu *op.7*.

6 Poema retirado da partitura.

Apenas com uma inclinação interior
Atraímos como de costume então
Um estranho em seu último passeio.[7]

Como se pode perceber, não se trata de uma canção popular que gostaria de estabelecer falsos vínculos sociais ao utilizar astutamente a dimensão comunicativa da linguagem e sim de uma poesia extremamente hermética assentada em um simbolismo evasivo nada óbvio. Também no que tange à música composta por Adorno para esses versos, a ideia de um *Volkslied* sublimado estará presente mais em relação ao gesto de autorrenúncia do próprio Adorno em relação à dimensão técnica reificada representada pela técnica dodecafônica do que propriamente em relação ao "tom" de sua peça. O primeiro *Lied* do *op.7* se destacará principalmente por um uso extremamente não ortodoxo da técnica dodecafônica. Na mesma carta a Berg, citada no primeiro capítulo deste livro, na qual Adorno exteriorizara seu desejo de admitir apenas um dodecafonismo negativo como o único dodecafonismo verdadeiro, podemos encontrar uma descrição do procedimento serial não ortodoxo a partir do qual emergirá o primeiro *Lied* do *op.7*:

> No meu quarteto eu evidentemente recorri, para evitar cadências de passagem, ao uso de série que dispus usando recursos como variação rítmica, inversão, retrógrado e ret. da inv., mas permiti a mim mesmo a liberdade acústica de escolha – interrupção da série, livremente seguindo a tendência harmônica – e reservei esse direito em todos os momentos, amarrando as dimensões de larga escala do movimento puramente a partir da *arquitetura formal*, que é certamente relacionada às manifestações da série, mas não idêntica. (Adorno & Berg, 2005, p.72)

No caso do *op.7/1*, a "arquitetura formal" também será apenas parcialmente ditada pelas "séries" utilizadas por Adorno e pela estrutura da poesia, já que de fato Adorno aproveita a divisão desta em três estrofes de três versos cada uma para aludir a uma forma ternária. Contudo, no pequeno texto sobre este ciclo citado anteriormente, Adorno mencionará o seguinte: "Em relação à forma, a segunda e a

---

7 Tradução de Alba Tonelli e Igor Baggio.

O DODECAFONISMO TARDIO DE ADORNO **109**

terceira estrofes são variações estritas da primeira" (1984a, p.552). Vejamos como se dão essas variações.

No que diz respeito à organização das alturas, o *Lied* que abre o ciclo do *op.7* está concebido segundo um procedimento misto. A linha vocal está construída sobre uma "série" de 16 notas que é manipulada ao longo da peça em suas quatro formas não transpostas, isto é, O, I, R e RI. Já o acompanhamento, com exceção dos compassos 13 e 14 (nos quais ocorrerá uma "falsa entrada" da forma O 1 da "série" da linha vocal na parte do piano, sendo esta apresentada aí até a sexta nota para então ser interrompida), está composto sobre uma sequência de 45 sons tratados como uma forma serial ao longo das três seções que compõem a peça. Como veremos, será principalmente a reiteração praticamente literal dessa sequência de notas no acompanhamento do piano em cada uma das três seções que parece motivar Adorno a qualificar as segundas e terceiras estrofes dessa peça como "variações estritas" da primeira em seu referido texto a respeito de tal composição.

A primeira estrofe (compassos 1-6) enuncia o material de base que servirá às variações representadas pelas duas estrofes seguintes. Nesse trecho, a partir da forma O 1 da "série" de 16 sons, a linha vocal forma uma frase musical composta por três semifrases regulares, a primeira delas indo da anacruse inicial até o compasso 2, a segunda correspondendo aos compassos 3-4 e a terceira aos compassos 5-6. O acompanhamento para essa estrofe consiste em variantes da figura em tercinas do compasso 1 e da figura do compasso 2 que ocorrerão a cada compasso a partir do compasso 3. O caráter compacto do acompanhamento alcançado por meio da economia desse procedimento e o fato de Adorno ter composto a frase vocal da estrofe de modo extremamente plástico, inclusive colocando o clímax melódico de toda a peça logo no compasso 5, dá de fato a esses primeiros seis compassos um caráter de tema propício a variações. Quer em termos rítmicos, quer em intervalares, as duas primeiras semifrases da linha vocal dessa primeira estrofe possuem um caráter extremamente consonante em relação à terceira semifrase, na qual ocorre o clímax melódico. Também a sequência de 45 notas a partir do qual está composto o acompanhamento, ao privilegiar os intervalos de terça e sexta, terá um caráter predominantemente consonante. Até certo ponto, a busca pela expressão do inexpressivo, ou pela não-expressão, que vimos estar na base da concepção de *An Zimmern*, segue guiando Adorno nesse *Lied*. Ainda em relação à primeira estrofe, é digno de nota que a repetição das notas 7 e 8 da série da voz no compasso 4 reforça musicalmente o jogo de palavras que ocorre entre as palavras *flüstern* (murmúrio) e *fluss* (rio), palavras que juntamente com *brücke* (ponte) esboçam a imagem poética que caracterizará os dois primeiros versos da poesia. Em comparação com a atmosfera calma evocada por esses versos, a irrupção de uma recordação por parte do eu lírico a partir do pretérito *stieg* (elevou), que é pintado musicalmente pelo salto ascendente de sétima menor (si bemol-lá bemol), e o *Licht* (luz) do terceiro verso justificam poeticamente o clímax representado pelos compassos 5-6.

Figura 3 – Adorno, *op.7, n°1*, primeira estrofe

O DODECAFONISMO TARDIO DE ADORNO 111

A segunda estrofe inicia-se com uma mudança de andamento e o *etwas straffer* (algo enérgico) sobre o compasso 7 prenuncia a ampla mudança que a partir desse momento sofrerá o caráter plástico da frase vocal da primeira estrofe e as figuras do acompanhamento. Assentada sobre a forma I 1 da série nos compassos 7-9 e sobre a forma R 1 nos compassos 10-12 (note-se a elisão entre as formas seriais ocorridas no compasso 10), o caráter estável de tema da frase vocal da primeira estrofe dá lugar aí a uma espécie de sequência esboçada nos compassos 7-10 entre duas semifrases, e a uma elisão ocorrida na primeira metade do primeiro tempo do compasso 10 entre a última nota da segunda dessas semifrases e a primeira nota de uma terceira semifrase, que bruscamente inicia uma liquidação no *Tempo* do compasso 11.

Figura 4 – Adorno, *op.7, n°1*, segunda estrofe

Aqui (compasso 10), a sequência que vinha se desdobrando desde o compasso 7 e que a partir do *vorwärts* (para frente) e dos *crescendos* dos compassos 9-10 começava a caracterizar-se como um desenvolvimento receberá um tranco que marcará o início de uma região de dissolução. Também no acompanhamento, os compassos 7-10 caracterizam-se como uma sequência do gesto anacrúsico que servira de ligação entre a primeira e a segunda estrofe. Na verdade, trata-se de uma figura que inicia na anacruse para o compasso 7 e vai até o segundo tempo deste compasso e que emula uma apojatura. Essa figura é disposta em uma sequência ascendente e a partir do último tempo do compasso 8 passa a ser alternada com um ritmo em tercina. Conjuntamente com os *crescendos* e com o *vorwärts* do compasso 9 essa sequência parecia apontar para um télos e devido a isso também começava a adquirir um caráter de desenvolvimento. No entanto isso não chega a ocorrer.

A sequência do acompanhamento também é bruscamente interrompida pelas pausas ainda no compasso 10. Adorno demonstra aí uma sensibilidade aguçada para tratar o relacionamento entre texto e música. O exato momento a partir do qual a reversão da evolução dos eventos musicais que vinham se desdobrando até esse momento desde o início da segunda estrofe é marcado pelo *enjambement* do segundo com o terceiro verso e principalmente pelo imperativo *kehrt* (dê as costas, volte-se) que finaliza o segundo verso dessa estrofe. Esse momento está musicalmente caracterizado tanto pela mudança métrica quanto pela elisão, que marcará tanto o início de R 1 quanto da última semifrase vocal.

A interrupção do acompanhamento tanto no compasso 10 quanto no compasso 11 marca com um silêncio as duas aparições da palavra *ohne* (sem) na segunda estrofe da poesia. Note-se também a contradição existente entre o *Tempo* e a figura quase mecânica do piano no compasso 11 e a palavra s*chauder* (estremecimento). Tanto na voz quanto no piano, os compassos 11-12 restabelecem a dinâmica pianíssimo da primeira estrofe e o que ocorre a partir do *poco rit.* do compasso 11 caracteriza uma suspensão amparada na redução drástica do material que beira o nada.

A passagem da segunda para a terceira estrofe é assinalada pela presença de uma cesura, o que reforça ainda mais o sentido do retorno a si do eu lírico que, ao longo da segunda estrofe, contrariava-se ao mesmo tempo invocando e repelindo a fonte da luz referida na primeira estrofe. O restabelecimento da dinâmica *pianíssimo* e de um andamento mais lento (na verdade ainda mais lento que o da primeira estrofe) e as alusões feitas a partir do compasso 15 às duas figuras, a partir das quais o acompanhamento da primeira estrofe emergira, dá a essa terceira estrofe o caráter de uma recapitulação variada, o que acaba por caracterizar a forma global da peça como um *a-b-a'*.

Outro fator contribui ainda, decisivamente, para criar esse senso de retorno. Nos compassos 13-14 do acompanhamento, a forma O 1 da série da linha vocal aparece enunciada até a sexta nota na mão esquerda do piano, quase como uma citação no único trecho melódico de todo o acompanhamento. No compasso 15, essa aparição extraordinária da série da linha vocal no interior do acompanhamento é interrompida por uma figura que em termos rítmicos consiste em uma aumentação da primeira figura que iniciara o acompanhamento.

Figura 5 – Adorno, *op.7, n°1*, terceira estrofe

114 IGOR BAGGIO

Nos últimos seis compassos do acompanhamento, Adorno começa a omitir algumas notas da sequência de 45 sons na qual todo o acompanhamento da peça está baseado. Essa retirada de notas vem acompanhada por uma fragmentação das duas figuras sobre as quais estava construído o acompanhamento da primeira estrofe. Em relação à estrutura da linha vocal, devido ao grande número de saltos, às tercinas e às síncopes presentes na última frase musical dessa linha na terceira estrofe, tal frase acaba por se caracterizar como a mais "informe" das três frases vocais presentes na peça.

Ao contrário das duas frases vocais anteriores, que eram compostas por três semifrases cada uma, essa é formada por duas semifrases de três compassos cada uma. A primeira semifrase corresponde aos compassos 13-15 e a segunda, aos compassos 16-18. Em termos seriais, essa última frase está baseada nas alturas restantes de R 1 que havia sido iniciada anteriormente e a partir da última metade do último tempo do compasso 15 por RI 1. A peça termina emulando um gesto cadencial notado *poco espr.*, baseado nas duas últimas notas de RI 1 da série da linha vocal e nas notas 1, 2, 3, 4 e 6 da sequência de 45 sons do acompanhamento.

O procedimento serial que está por trás do terceiro *Lied* do ciclo *op.7* de Adorno segue a mesma lógica que aquele presente na peça que acabamos de analisar. Assim como no primeiro *Lied* do ciclo, nesse terceiro Adorno também se valerá de "séries" distintas para a linha vocal e para o acompanhamento do piano. Na realidade, as semelhanças entre essas duas peças não dizem respeito apenas ao uso serial, mas estendem-se ao "tom" extremamente diáfano partilhado por ambas, um tom que Adorno deriva diretamente da poesia. A poesia sobre a qual está composto o terceiro *Lied* do *op.7* também pertence a *Der Siebenten Ring*:

Fenster wo ich einst mit dir
Abends in die landschaft sah
Sind nun hell mit fremdem licht.

Pfad noch läuft vom tor wo du
Standest ohne umzuschaun
Dann ins tal hinunterbogst.

O DODECAFONISMO TARDIO DE ADORNO **115**

Bei der kehr warf nochmals auf
Mond dein bleiches angesicht..
Doch es war zu spät zum ruf.

Dunkel – schweigen – starre luft
Sinkt wie damals um das haus.
Alle freude nahmst du mit.[8]

A janela de onde uma vez contigo
Nas tardes mirava a paisagem
Agora está iluminada por estranha luz.

O caminho ainda passa diante do portal
De onde tu sem perceber te encontravas
Então abaixo na curva do vale.

Projeta-se uma vez mais
A lua sobre teu pálido rosto
Mas era muito tarde para o grito

Obscuro – silêncio – gelada brisa
Cai como outrora ao redor da casa
Toda alegria tomastes para ti.[9]

Assim como no primeiro *Lied* do *op.7*, temos aqui a imagem de um reencontro que não pode acontecer ou de um eu lírico impedido de reviver um passado aparentemente marcado pela felicidade junto a uma segunda pessoa invocada de modo enigmático no poema.

Na composição da linha vocal da primeira estrofe deste *Lied*, Adorno se utilizou de uma "série" constituída por vinte notas. Já o acompanhamento do piano, nesta primeira estrofe, baseia-se em uma sequência de 39 sons que serão repetidos de forma praticamente literal no acompanhamento à última estrofe. Ao longo de toda essa primeira estrofe, a dinâmica tanto da voz quanto do piano é *ppp* e conforme a indicação *durchwegs mit Dämpfer* (do início ao fim com abafador), o piano deve manter do início ao fim da peça o pedal esquerdo acionado. Ele também indica no

---

8 Poema retirado da partitura.
9 Tradução de Alba Tonelli e Igor Baggio.

116 IGOR BAGGIO

primeiro compasso do acompanhamento que este deve ser executado *sehr gleichmäßig* (muito uniforme ou muito regular). A essas indicações soma-se o *Sehr ruhig* (muito calmo) junto à indicação de andamento sobre o primeiro compasso. Ou seja, permanecemos aqui no âmbito daquela lírica do quase silêncio que já havia caracterizado as duas peças de Adorno analisadas anteriormente. O mais interessante, contudo, é que a atmosfera extremamente quieta, silenciosa e regular a que Adorno visa nessa peça, por meio de suas indicações de dinâmica e de expressão e novamente ao privilegiar e/ou enfatizar os intervalos consonantes na formação de suas "séries", colide com irregularidades de caráter métrico, o que acabará por caracterizar a verdadeira "ideia" composicional da peça, ideia esta que foi, até certo ponto, expressa por Adorno com as seguintes palavras:

> Na terceira canção o piano tem a tendência de se contentar somente com uma voz. Contudo os sons sucessivos complementam-se muitas vezes refletindo-se em acordes. Um ritmo de colcheias é contínuo, no entanto, através da contínua mudança de compasso; por meio de deslocamentos do tempo forte, mudanças de acento e da livre palestra narrada da voz [*erzählenden Vortrag der Singstimme*] busca-se diversidade rítmica. (1984a, p.552)

Vejamos como isso ocorre por meio de uma análise de cada uma das estrofes dessa peça. A linha vocal da primeira estrofe é formada por quatro segmentos. Os dois primeiros desses segmentos correspondem aos quatro primeiros compassos. O primeiro segmento corresponde aos dois primeiros compassos, nos quais são enunciadas as primeiras nove notas da primeira "série" a partir da qual será composta a linha vocal da peça. Já o segundo desses segmentos corresponde aos terceiros e quartos compassos e conterá as notas 10, 11, 12 e 13 dessa mesma série. O segundo desses segmentos funciona como uma espécie de resposta que complementa melodicamente o primeiro segmento, fato que dá à melodia dos quatro primeiros compassos um caráter de frase. A entrada do segundo segmento, no segundo tempo do terceiro compasso, marca uma primeira oscilação significativa de métrica na parte da voz.

Em termos métricos, o primeiro segmento corresponderia a uma sequência de dez colcheias e o segundo a uma sequência de sete colcheias. Os terceiros e quartos segmentos, que compõem a linha vocal da primeira estrofe e que correspondem aos compassos 5-7, não chegam a estabelecer uma relação de complementaridade melódica com o segundo segmento, ou mesmo entre si, como a que ocorre entre os dois primeiros segmentos. Estes dois últimos segmentos enunciam as sete notas restantes da primeira série da linha vocal, e suas "entradas" no segundo tempo do compasso 5 e no primeiro tempo do compasso 6, respectivamente, também marcarão novas oscilações de métrica na linha vocal, o terceiro segmento correspondendo em termos métricos a três colcheias e meia e o quarto segmento a sete colcheias.

Figura 6 – Adorno, *op.7, n° 3*, primeira estrofe

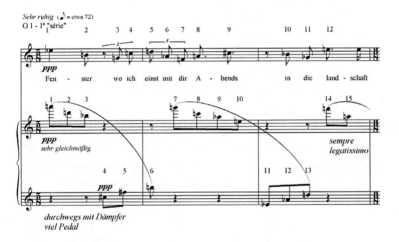

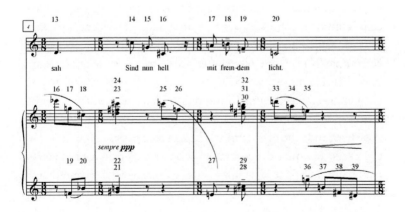

118 IGOR BAGGIO

Também no acompanhamento da primeira estrofe as irregularidades de acentuação acarretarão oscilações métricas. A primeira delas ocorre no segundo tempo do segundo compasso, quando da entrada de uma primeira variante da figura rítmica correspondente às seis primeiras notas da sequência de 39 notas nas quais se baseia o acompanhamento da primeira estrofe. Enquanto a figura que vai do compasso 1 até o primeiro tempo do compasso 2 corresponde a seis colcheias, aquela que vai do segundo tempo do compasso 2 até o terceiro tempo do compasso 3 corresponde a sete colcheias. Já a terceira variante dessa figura rítmica inicia-se no quarto tempo do compasso 3 e desemboca no acorde que ocupa os dois primeiros tempos do compasso 6, e tanto a entrada daquela como deste também corresponderão a perturbações na métrica. O mesmo ocorrerá com a entrada da figura seguinte no quarto tempo do compasso 5, que corresponde a um compasso 3/8, e com o acorde e as figuras do compasso 6, que correspondem a um compasso 7/8. Se fôssemos representar todas essas mudanças de acentuação no acompanhamento do piano para a primeira estrofe em termos de mudanças de compasso, teríamos a seguinte sequência: 6/8, 7/8, 5/8, 2/8, 3/8, 1/8, 2/8 e 4/8.

A ligação com a segunda estrofe dá-se principalmente por meio do *crescendo* presente no acompanhamento no compasso 7. A linha vocal da segunda estrofe está dividida em três segmentos compostos a partir de uma segunda "série" de 21 notas. O primeiro desses segmentos inicia no segundo tempo do compasso 8 e vai até o terceiro tempo do compasso 9. O segundo segmento localiza-se entre as duas pausas no compasso 10 e o terceiro segmento corresponde ao compasso 11. Com exceção do primeiro desses segmentos, que possui certa completude melódica, os outros dois segmentos não chegam a estabelecer uma frase musical nem separadamente, nem em relação um com o outro, antes soando como fragmentos isolados. Nessa segunda estrofe o ritmo da linha vocal passa a ser mais rápido e as oscilações métricas continuam a ocorrer. A passagem do oitavo para o nono compasso da linha vocal evidencia a passagem de uma métrica assentada em quatro colcheias para outra em três colcheias e

O DODECAFONISMO TARDIO DE ADORNO **119**

meia. Já o segundo segmento delineia uma métrica de três colcheias e o terceiro segmento uma métrica de cinco colcheias.

No acompanhamento para a segunda e a terceira estrofes, Adorno deixa de lado a sequência de notas que utilizara na composição do acompanhamento da primeira estrofe e que retornará como uma "série" no acompanhamento à última estrofe e passa a compor de modo atonal livre. Nessa segunda estrofe, enquanto a mão esquerda do piano continuará a exibir uma figuração em colcheias que lembrará aquela da primeira estrofe, a mão direita passará a ser constituída inteiramente por acordes. Ao que tudo indica, ao referir-se na passagem citada anteriormente ao fato de que a tendência à monodia dessa peça se refletia em acordes, Adorno estava se referindo a essa segunda estrofe e ao fato de que os acordes que a compõem são todos deriváveis dos intervalos que compunham a linha do acompanhamento na primeira estrofe. Os acordes que se fazem presentes na mão direita do acompanhamento na segunda estrofe são dos seguintes tipos: sobreposição de trítono e quarta justa, de quinta justa e terça maior, de segunda maior e quarta justa, de terça menor e trítono, de segunda maior e sexta menor.

O primeiro desses tipos pode ser derivado das três últimas notas da primeira figura do acompanhamento, isto é, daquela que ia do compasso 1 até o primeiro tempo do compasso 2; o segundo tipo pode ser derivado das três primeiras notas da segunda figura que ia do segundo tempo do compasso 2 até o terceiro tempo do compasso 3, e o terceiro tipo pode ser derivado da figura que ia do quarto tempo do compasso 5 até o primeiro tempo do compasso 6. Já o quarto tipo pode ser derivado das três últimas notas da figura de que derivou o segundo tipo, e o quinto tipo pode ser derivado das três últimas notas da figura que ia do quarto tempo do compasso 3 até o terceiro tempo do compasso 4.

No que diz respeito à mão esquerda do acompanhamento na segunda estrofe, este também se baseará amplamente sobre os intervalos utilizados no acompanhamento na primeira estrofe. Também na parte do acompanhamento na segunda estrofe continuarão a ocorrer oscilações métricas. Do compasso 8 para o compasso 9 temos uma passagem de um compasso 5/8 para outro 4/8. Do compasso 9 para o 10 a mudança é de uma métrica quaternária para outra ternária que seguirá até o compasso 12, no qual ocorrerá uma mudança para um compasso 2/8. Quer em termos métricos, quer em relação à sua figuração, o compasso 12, apesar de parecer ter a função de ligar a segunda à terceira estrofe, na verdade se encontra isolado tanto do que o precedeu quanto do que o segue – exemplo notável daquilo que Adorno apreciara como parataxe em seu ensaio sobre Hölderlin.[10]

Após o compasso 12, a terceira estrofe tem início com o fá mais grave do piano executado sozinho, *marcato* e *rasch abdämpfen* (rapidamente sem o pedal esquerdo) e *decrescendo*. Imediatamente após a execução dessa nota, Adorno pede para que o pianista retire o pedal direito que havia sido acionado no início do compasso anterior. Essa medida fará com que o decrescendo notado sob essa nota possa ter um sentido maior que apenas aquele proveniente do decréscimo natural do som do fá. A voz entra no segundo tempo do compasso e sobre a linha vocal temos a indicação *ruhig erzählend* (algo como *quieto narrando*).

Figura 7 – Adorno, *op.7, n°3*, segunda estrofe até o compasso 11 e os dois primeiros compassos da terceira estrofe a partir do compasso 13.

---

10 Ver capítulo anterior.

Pelo que Adorno escreve no pequeno texto sobre o *op.7* citado acima, esse tom narrativo, porém calmo ou quieto, deve ter sido pensando em relação a toda a peça. Se isso é verdade, essa indicação apenas o enfatiza até o fim dela. O fato é que a partir desse momento não temos uma mudança significativa no caráter de prosa musical[11] que se fazia presente desde o início na linha da voz desse *Lied*. Afora certo retorno aos ritmos mais lentos da primeira estrofe da linha vocal, o procedimento de oscilação métrica que vinha constituindo a base daquela permanece em ação aqui e no que se segue.

---

11 A respeito do conceito de prosa musical em Wagner e Schoenberg cf. respectivamente Dahlhaus, 1989, p.52-64 e Dahlhaus, 1990, p.105-19.

Figura 8 – Adorno, *op.7*, *n°3*, final da terceira estrofe e última estrofe

O DODECAFONISMO TARDIO DE ADORNO **123**

O 4/8 notado no início do compasso 13 vale para o piano, mas a métrica da linha vocal já se inicia como ternária, nesse compasso, seguida por uma métrica quinária até a cesura do compasso 15, a partir da qual teremos uma métrica correspondente a nove tempos de colcheia (compassos 15-16) seguida por outra de oito colcheias (compassos 17-18). Essas mudanças de métrica marcam a entrada de cada um dos segmentos que compõem a frase musical da voz nessa terceira estrofe. Ou seja, temos aqui uma frase composta por três segmentos. Cabe dizer ainda que em termos seriais, essa frase corresponde à forma R 1 da primeira série que havia dado origem à linha vocal da primeira estrofe.

Vimos pela análise que em determinado momento da segunda estrofe da primeira peça do *op.*7 Adorno como que freia e posteriormente inverte um processo de desenvolvimento que havia tido início em um momento anterior da peça e que parecia almejar por um *télos* direcionando tal processo para uma região de completa dissolução do material musical. Esse mesmo tipo de procedimento volta a ocorrer nessa terceira peça, talvez de modo ainda mais característico, no acompanhamento do piano para as duas últimas estrofes. De certa forma, o acompanhamento para a terceira estrofe continua a se basear na parataxe musical representada pelo compasso 11. Em outras palavras, nessa estrofe cada segmento que compõe o acompanhamento é pensado quase isoladamente tanto do que ocorria antes quanto do que segue. É extremamente difícil vislumbrar uma continuação para o que ocorre no compasso 12 do piano e o que o segue nos compassos 13-14 soa mais como uma figura completamente nova do que como uma continuação às duas notas do compasso anterior.

Ao contrário do *fast ausdruckloss* de *An Zimmern*, que condizia com o caráter notavelmente inexpressivo da linha vocal sob a qual vinha notado, o *ohne Ausdruck* (sem expressão) marcado no compasso 13 contradiz o conteúdo desse e do compasso que segue, caracterizando-se como aquele desejo de insuflar alegoricamente a uma figura um determinado sentido. O amplo arco literalmente descrito pela escrita dessa figura (compassos 13-14) provavelmente consiste no gesto mais expressivo de todo o acompanhamento dessa peça. Também os três últimos compassos do acompanhamento dessa terceira estrofe

124 IGOR BAGGIO

encontram-se como isolados entre si. As duas figuras que compõem o compasso 15 do piano são alegorizadas com *ppp* e principalmente com o *äußerst zart* (extremamente delicado) e com a readmissão do pedal direito que havia sido retirado ainda no compasso 12. As duas últimas notas do compasso 15 começam a reapresentar algumas notas do final do acompanhamento da primeira estrofe de modo serial. Já os acordes do compasso 16 e 17, que se encontram separados por pausas, dão continuidade à reapresentação das últimas notas da sequência que havia caracterizado o acompanhamento da primeira estrofe. Após a cesura na parte do piano no compasso 18, o acompanhamento inicia a última estrofe reapresentando o material da primeira estrofe, isto é, a sequência de 39 notas. A princípio trata-se novamente, assim como na primeira peça do ciclo, de uma recapitulação variada. Contudo, poderíamos falar em uma espécie de *a-b-a'* aqui, apenas se considerássemos musicalmente a segunda e terceira estrofes como uma seção só, algo que parece não condizer com o que realmente ocorre na peça, já que a entrada da terceira estrofe marca, de fato, uma clara articulação formal. Se for assim, em relação à macroforma podemos pensar em algo como um *a-b-c-a'*.

A linha vocal da última estrofe está baseada na forma I 1 da segunda série cuja forma O 1 havia sido enunciada nos compassos 8-11. A frase musical da linha vocal nessa última estrofe está dividida em dois segmentos. O primeiro desses segmentos estende-se do quarto tempo do compasso 19 até o primeiro tempo do compasso 23 e o segundo vai do segundo tempo do compasso 23 até o final do último compasso. Nessa última frase musical da linha, temos mudanças de métrica, uma primeira da métrica binária da figura do compasso 19 para outra ternária correspondente à figura do compasso 20. Do compasso 20 para o 21 passa-se de uma métrica ternária para outra quinária e do compasso 21 para o 22 de uma métrica quinária para outra de seis tempos que vai até o primeiro tempo do compasso 22. No segundo tempo do compasso 22, passamos para uma métrica quinária e no último compasso para uma métrica ternária.

Como já dito acima, o acompanhamento da última estrofe retoma a sequência de 39 sons que havia configurado o acompanhamento na

O DODECAFONISMO TARDIO DE ADORNO **125**

primeira estrofe. Além das notas que se repetem aqui, os ritmos em colcheia reaparecem de modo abreviado e com isso essa última estrofe acaba por se caracterizar como uma recapitulação variada da primeira estrofe. Essa abreviação da figuração que havia caracterizado a primeira estrofe novamente possui um tom de dissolução e culmina na nota mi da mão esquerda do piano no primeiro tempo do compasso 23. Após a dissolução da figuração de colcheias, o restante das notas que compõem a sequência está disposto em acordes dentre os quais os dois últimos se destacam por sua extrema separação em termos de registro.

As duas últimas estrofes dessa peça, assim como o momento de reversão e a última estrofe da peça anterior talvez possam ser entendidas por um ponto específico da reflexão de Adorno sobre a forma no contexto da Nova Música. Em uma palestra proferida no ano de sua morte intitulada *Sobre o problema da análise musical*, Adorno utiliza-se de um conceito da psicanálise freudiana, o de *pulsão de morte*, para caracterizar a tendência à dissociação presente principalmente na Nova Música. Segundo Adorno,

> É particularmente na Nova Música, além disso, que a análise diz respeito tanto aos momentos de dissociação [*Dissoziationsmomente*], com a pulsão de morte [*Todestrieb*] das obras – por assim dizer, com o fato de que existem obras que contêm junto a si a tendência a esforçar-se de volta da unidade para seus elementos constituintes – quanto ela diz respeito ao processo oposto, e essas são questões que têm sido totalmente negligenciadas em nome do assim chamado método holístico, no interior do qual existem geralmente desconcertantes implicações positivistas. (2002c, p.174)

Será principalmente na música de Alban Berg que Adorno apontará essa tendência à dissociação como um princípio capaz de orientar a constituição da forma musical tanto quanto o princípio que pretende desdobrar a partir de um material inicial toda uma grande estrutura dedutiva.[12] Contudo, no caso de Berg o retorno a materiais elementa-

---

12 Cf. Adorno, 1999.

res se dá no interior de grandes formas, ao contrário do que pudemos observar nas composições de Adorno. Nestas tudo indica que desde o início tal processo criativo voltado para essa lógica da dissociação e da dissolução estivera atrelado, como pudemos perceber, a uma noção bastante precisa de fragmento como pequena forma.

CONSIDERAÇÕES FINAIS

Mesmo passados 27 anos desde a publicação das principais composições de Adorno, carecemos ainda de estudos mais abrangentes sobre a música composta pelo filósofo de 1923 a 1945, período marcado pelo surgimento de grande parte de seus escritos musicais. Este livro pretendeu dar um primeiro passo em direção a uma interpretação de algumas peças musicais compostas por Adorno à luz de suas próprias ideias sobre a música. Como apontado já na introdução, é o próprio Adorno quem, a partir de sua formulação a respeito da relação dialética entre teoria e práxis, autoriza uma investigação deste tipo. Ou seja, mesmo que de modo descontínuo, por meio de uma análise de algumas de suas composições dodecafônicas seriais é possível interpretarmos o tipo de procedimento composicional utilizado por Adorno em relação à técnica dodecafônica nessas peças como um reflexo de suas críticas teóricas ao dodecafonismo serial mais ortodoxo.

Outro ponto de convergência entre o projeto filosófico de Adorno e suas composições é o estatuto ostentado pelas pequenas formas em ambos os domínios de sua obra, a do ensaio e do fragmento no âmbito da filosofia e a do *Lied* em sua produção composicional. Mais do que uma mera analogia, esse fato diz respeito ao cerne das preocupações de Adorno nessas duas áreas distintas, a saber, a figura do sujeito. Para Adorno, apenas por meio de uma forma de apresentação fragmentária a figura do sujeito poderia ao mesmo tempo ser criticada e mantida.

Para ser entendida apropriadamente, a figura do sujeito no âmbito da composição musical deve ser apreciada também em termos técnico-musicais. Vimos no primeiro capítulo como Adorno tendeu a pensar a emergência de um princípio de subjetividade autônoma no interior da forma musical nos primeiros períodos de Beethoven a partir do princípio técnico da variação em desenvolvimento. Contudo, há que se manter em vista que quando Adorno se refere ao sujeito musical ele não tem em mente uma categoria fixa e sim uma noção variável e que não permanece idêntica ao longo de suas reflexões sobre diferentes compositores. Assim, apesar de Adorno enfatizar a continuidade de certo sujeito musical transcendental que teria sua origem na música dos primeiros períodos de Beethoven e que, passando pela música de Brahms, culminaria no atonalismo livre e na música dodecafônica do Schoenberg da terceira fase, é preciso atentar para outros modelos de sujeito musical presentes ao longo da interpretação dispensada por Adorno à música de Schubert, de Mahler e de Alban Berg, que não foram tratados aqui, do último Beethoven e do último Schoenberg. Em todos esses casos, o sujeito musical transcendental surgido com o Beethoven classicista receberia uma crítica imanente a partir do momento em que esses compositores teriam passado a organizar suas composições tendo em vista mais a descontinuidade do que a continuidade do discurso musical.

É preciso enfatizar que foi justamente a partir da dialética entre continuidade e descontinuidade que Adorno tendeu a avaliar o potencial ideológico ou crítico da forma musical ao longo da modernidade e que é dessa dialética imanente a toda forma estética que surge a polarização fundamental entre classicismo e obra tardia que permeia grande parte das reflexões de Adorno não apenas sobre a música como também sobre a arte em geral. Segundo o axioma fundamental da estética adorniana, na medida em que se autonomiza no limiar da modernidade, a forma estética passa a receber seu conceito do afastamento que realiza em relação à heteronomia social. Contudo, não há como escaparmos da impressão de que, passados os primeiros anos heroicos da música burguesa de Beethoven, por exemplo, o caráter

O DODECAFONISMO TARDIO DE ADORNO   129

autônomo da arte moderna passa a consistir mais em uma quimera do que em um potencial emancipatório para Adorno. Daí a insistência da crítica do autor a todo e qualquer tipo de classicismo. Este passa a ser inviável na medida em que a sociedade burguesa cada vez mais parece funcionar como uma grande sinfonia clássica, na qual o substrato temático individual passa a ser pré-formado pelo todo visando a uma confirmação final da grande forma.

Dessa antinomia fundamental para a modernidade surge o caráter crítico das obras tardias para Adorno. Nelas, a lógica da identidade entre sujeito e objeto que orientava a aparência de totalidade própria ao fenômeno estético classicista seria subvertida sem, no entanto, o sujeito estético ser sacrificado ao ser simplesmente eliminado da equação. Nas obras tardias de artistas como Beethoven e Schoenberg, o fenômeno da dessensibilização do material, isto é, a alienação entre o sujeito e o material musical decorrente do amplo processo de racionalização que recebera seu impulso da autonomização do sujeito estético na modernidade é apresentado em toda sua amplitude e não mais resolvido na aparência fechada das grandes obras clássicas. Assim, na medida em que não mais espelharia uma sociedade orgânica, Adorno entende as obras tardias de Beethoven e de Schoenberg, por exemplo, como capazes de desvelar a real aparência de uma objetividade caótica por trás da aparência de ordem ostentada pela segunda natureza das relações sociais reificadas.

Ou seja, as obras tardias surgiriam da tematização imanente à contradição existente entre o caráter de aparência, do qual nenhuma obra de arte pode se desvencilhar, e a necessidade de sustentar a autonomia constitutiva de toda produção estética moderna em meio a um contexto social heterônomo. A melhor aproximação dessa antinomia em termos técnico-musicais seria aquela que analisamos ao longo do segundo e terceiro capítulos. Aí vimos que amparado principalmente na teoria da alegoria e na filosofia da história de Benjamin, Adorno tendeu a pensar as obras tardias de Beethoven e de Schoenberg como capazes de se articularem de um modo duplo. Enquanto em um nível de profundidade tais compositores adeririam a certa aparência, em um nível de superfície as composições deles se apresentariam como carentes de aparência, fato que as configuraria como modelos de crítica à ideologia.

130   IGOR BAGGIO

Essa dupla articulação da forma musical estaria fundada em uma dialética não resolvida entre sujeito e objeto, continuidade e descontinuidade, dinâmica e estática, natureza e história etc. Tratando-se da composição dodecafônica serial, isso resultava em uma prática serial notavelmente não ortodoxa na qual a série passava a ser pensada meramente como uma disposição preliminar do material e não mais (como queria a maioria dos adeptos da técnica dodecafônica ao longo da primeira metade do século XX) como uma garantia da readmissão de princípios estruturais capazes de proporcionar a reemergência das grandes formas instrumentais autônomas que determinaram a produção musical do passado. Portanto, nesse contexto, a dialética interrompida que Adorno percebe como se estivesse na base das obras tardias se manifestaria como uma separação enfática entre a disposição do material por meio de um procedimento ordenador capaz de guardar certo coeficiente de aparência necessário às obras e o ato de compor que estaria assim libertado do imperativo da aparência e poderia então voltar-se para a negação do mesmo por meio de procedimentos que enfatizariam a descontinuidade da relação entre o sujeito e o material musical.

Nos *Lieder* de Adorno analisados no terceiro capítulo, essa concepção de negação imanente do caráter de aparência das obras apresenta-se de maneira bastante enfática pelas constantes interrupções da textura e da consequente fragmentação quer das linhas vocais, quer das figuras que compõem o acompanhamento de tais peças. Ao privilegiar intervalos consonantes, ao utilizar uma fatura rítmica bastante simples e principalmente ao privilegiar a segmentação alegórica do discurso musical por meio de pausas de um modo bastante característico, Adorno alcança uma redução voluntária do material musical nessas peças que acaba por tornar inevitável uma aproximação delas à tendência ao emudecimento que o filósofo percebia como própria às obras tardias.

Referências bibliográficas

ADORNO, T. W. *Parataxis: a lírica tardia de Hölderlin*. In: _____.
Notas de literatura. Tradução de Aida Celeste Galvão e Idalina Aze-
vedo da Silva. Rio de Janeiro: Tempo Brasileiro, 1973.

_____. *Introduction to the sociology of music*. Tradução de E. B. Ashton.
Nova York: Seabury, 1976.

_____. *Kompositionen*. Bd.I. METZGER, H.-K., RIEHN, R. (Org.).
Munique: text + kritik, 1980.

_____. *George*. In: _____. *Notes sur la littérature*. Tradução de
Sibylle Müller. Paris: Flammarion, 1984.

_____. *Theodor W. Adorno:* Vier Lieder nach Gedichten von Stefan
George für Singstimme und Klavier, op.7. In: TIEDEMANN, R.
(Org.). *Gesammelte Schriften, Bd.18*. Frankfurt: Suhrkamp, 1984a.

_____. El compositor dialéctico. In: _____. *Improptus: serie de
artículos musicales impresos de nuevo*. Tradução de Andrés Sánchez
Pascual. Barcelona: Laia, 1985a.

_____. *Minima Moralia:* reflexões a partir da vida danificada. 2.ed.
Tradução de Luiz Eduardo Bicca. São Paulo: Ática, 1993.

_____. *Notas marginais sobre teoria e práxis*. In: _____. *Palavras
e sinais:* modelos críticos 2. Tradução de Maria Helena Ruschel. Rio
de Janeiro: Vozes, 1995.

_____. *Philosophische Frühschriften*. Bd. I. Frankfurt: Suhrkamp,
1996.

_____. *Beethoven:* the philosophy of music. Tradução de Edmund Jephcott. Stanford: Stanford University, 1998.

_____. *On the contemporary relationship of philosophy and music.* In: LEPPERT, R. (Org.). *Essays on music.* Tradução de Susan H. Gillespie. Berkeley: University of California, 2002a.

_____. *On the problem of musical analysis.* In: _____. (Org.) Tradução de Susan H. Gillespie. Berkeley: University of California, 2002b.

_____. *What National Socialism has done to the arts.* In: _____. (Org.) Tradução de Susan H. Gillespie. Berkeley: University of California, 2002c

_____. *O ensaio como forma.* In: _____. *Notas de literatura I.* Tradução de Jorge de Almeida. São Paulo: Duas Cidades, 2003.

_____. *Palestra sobre lírica e sociedade.* In: _____. *Notas de literatura I.* Tradução de Jorge de Almeida. São Paulo: Duas Cidades, 2003.

_____. *Schubert.* In: _____. *Moments musicaux.* Tradução de Martin Kaltenecker. Genève: Contrechamps, 2003a.

_____. *Dialéctica negativa* – La jerga de la auntenticidad. Tradução de Alfredo Brotons Muñoz. Madri: Akal, 2005a.

_____. *Filosofia da nova música.* 3.ed. Tradução de Magda França. São Paulo: Perspectiva, 2007.

_____. *Teoria estética.* Tradução de Artur Morão. Lisboa: Edições 70, s. d.

ADORNO, T. W, HORKHEIMER, M. *Dialética do esclarecimento:* fragmentos filosóficos. Tradução de Guido Antonio de Almeida. Rio de Janeiro: J. Zahar, 1985.

ADORNO, T. W, BERG, A. *Correspondance 1925-1935.* Tradução de Wieland Hoban. Cambridge: Polity, 2005.

ADORNO, T. W, MANN, T. *Correspondência 1943-1955.* Tradução de Nicolás Gelormini. Buenos Aires: Fondo de Cultura Econômica, 2006.

ALMEIDA, J. *Crítica dialética em Theodor Adorno:* música e verdade nos anos vinte. Cotia: Ateliê, 2007.

BENJAMIN, W. *Origem do drama barroco alemão.* Tradução de Sergio Paulo Rouanet. São Paulo: Brasiliense, 1984.

_____. *Documentos de cultura, documentos de barbárie:* escritos escolhidos. Tradução de Celeste H. M. Ribeiro de Souza et al. São Paulo: Cultrix, Edusp, 1986.

O DODECAFONISMO TARDIO DE ADORNO **133**

_____. *Charles Baudelaire:* um lírico no auge do capitalismo. Tradução de José Carlos Martins Barbosa & Hemerson Alves Baptista. São Paulo: Brasiliense, 1995.

BERARDINELLI, A. *Da poesia à prosa.* Tradução de Maurício Santana Dias. São Paulo: Cosac Naify, 2007.

BOISSIÈRE, A. *Adorno, la vérité de la musique moderne.* Paris: Septentrion, 1999.

BOULEZ, P. *Leçons de musique:* Points de repère III. Paris: Christian Bourgois, 2005.

BÜRGER, Pr. *Teoria da vanguarda.* Tradução de Ernesto Sampaio. Lisboa: Vega, 1993.

DAHLHAUS, C. *Analisys and value judgement.* Tradução de Siegmund Levarie. Nova York: Pendragon, 1983.

_____. *Between romanticism and modernism:* four studies in the music of the later nineteenth century music. Tradução de Mary Whittall. Berkeley: University of California, 1989.

_____. *Nineteenth-century music.* Tradução de J. Bradford Robinson. Berkeley: University of California, 1989a.

_____. *Schoenberg and the new music.* Tradução de Derrick Puffett & Alfred Clayton. Cambridge: Cambridge, 1990.

_____. *Foundations of music history.* Tradução de J. B. Robinson. Cambridge: Cambridge University, 1999.

ELLIOTT, M. Beyond left and right: the poetic reception of Stefan George and Rainer Maria Rilke, 1933-1945. *The Modern Language Review,* v. 98, v. 4, 2003. Disponível em: http://www.jstor.org. Acesso em: 12 de maio 2007.

FRISCH, W. *Brahms and the principle of developing variations.* Berkeley: University of California: 1984.

GEORGE, St. *Crepúsculo.* Tradução de Eduardo de Campos Valadares. São Paulo: Iluminuras, 2000.

HABERMAS, J. *O discurso filosófico da modernidade.* Tradução de Luiz Sérgio Repa & Rodnei Nascimento. São Paulo: Martins Fontes, 2002.

HEGEL, G. W. F. *Cursos de estética.* 2° vol. Tradução de Marco Aurélio Werle & Oliver Tolle. São Paulo: Edusp, 2000.

HUFNER, M. *Adorno und die Zwölftontechnik.* Regensburg: ConBrio, 1996.

KERMAN, J. *An die Ferne Geliebte.* In: TYSON, A. (Ed.) *Beethoven studies.* Nova York: Norton, 1973.

LUKÁCS, G. *História e consciência de classe.* Tradução de Telma Costa. Porto: Escorpião, 1974.

_____. *A teoria do romance.* Tradução de José Marcos Mariani de Macedo. São Paulo: Duas Cidades, 2003.

NATTIEZ, J.-J. *Music and discourse:* toward a semiology of music. Tradução de Carolyn Abbate. Princeton: Princeton University, 1990.

NICHOLSEN, S. W. *Exact imagination, late work on Adorno's aesthetics.* Baskerville: MIT, 1997.

PADDISON, M. *Adorno's aesthetics of music.* Cambridge: Cambridge University, 2001.

RIEHN, R. *Werkverzeichnis.* In: METZGER, H.-K., _____. *Musik-Konzepte 63/64: Theodor W. Adorno Der Komponist.* Munique: text + kritik, 1989.

ROSEN, C. *El estilo clássico:* Haydn, Mozart, Beethoven. Tradução de Alianza Editorial. Madri: Alianza, 1986.

_____. *A geração romântica.* Tradução de Eduardo Seincman. São Paulo: USP, 2000.

SAFATLE, V. Fetichismo e mimeses na filosofia da música adorniana. *Discurso,* v.36, 2006.

SCHNEBEL, D. *Adornos Musik als schöne Kunst gehört.* In: HAGER, F., PFÜTZE, H. (Orgs.) *Das unerhört Moderne.* Lüneberg: Zu Klampen, 1990.

SCHNEIDER, F. *Adornos Sechs Bagatellen für Singstimme und Klavier op.6.* In: METZGER, H.-K., RIEHN, R. (Orgs.) *Musik-Konzepte 63/64: Theodor W. Adorno Der Komponist.* Munique: text+kritik, 1989.

SCHOENBERG, A. *Style and idea.* Berkeley: University of California, 1984.

SELIGMANN-SILVA, M. *O local da diferença:* ensaios sobre memória, arte, literatura e tradução. São Paulo: 34, 2005.

STEIN, I. *Nouveaux principes formels.* In: STUCKENSCHMIDT, H. *Musique nouvelle.* Tradução de Jean-Claude Salel. Paris: Corrêa Buchet/Chastel, 1956.

SUBOTNIK, R. R. Adorno's diagnosis of Beethoven's late style: early symptom of a fatal condition. *Journal of the American musicological society,* v.29, n.2, 1976. Disponível em: http://www.jstor.org. Acesso em: 12 de maio 2007.

O DODECAFONISMO TARDIO DE ADORNO 135

_____. The historical structure: Adorno's "French" model for the criticism of nineteenth-century music. *19th-Century Music*, v. 2, n.1, 1978. Disponível em: http://www.jstor.org. Acesso em: 12 de maio 2007.

TIEDEMANN, R. *Adorno's Tom Sawyer Opera Singspiel*. In: HUHN, T. (Ed.) *Cambridge companion to Adorno*. Cambridge: Cambridge University, 2004.

_____. Adorno, Philosoph und Komponist. *Frankfurter Adorno Blätter* VII, 2001.

TOMÁS, L. *Sobre os Lieder adornianos ou Adorno compositor*. In: DUARTE, R. (Org.) *Theoria aesthetica*: em comemoração ao centenário de Theodor W. Adorno. Porto Alegre: Escritos, 2005.

WEBERN, A. *O caminho para a música nova*. 2.ed. Tradução de Carlos Kater. São Paulo: Novas Metas, 1984.

SOBRE O LIVRO

Formato: 14 x 21 cm
Mancha: 23,7 x 42,5 paicas
Tipologia: Horley Old Style 10,5/14
Papel: Offset 75 g/m² (miolo)
Cartão Supremo 250 g/m² (capa)
1ª edição: 2011

EQUIPE DE REALIZAÇÃO

Coordenação Geral
Marcos Keith Takahashi

Impressão e acabamento